U0783302

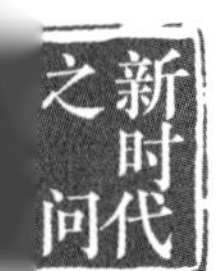

关于新时代“永恒课题”的

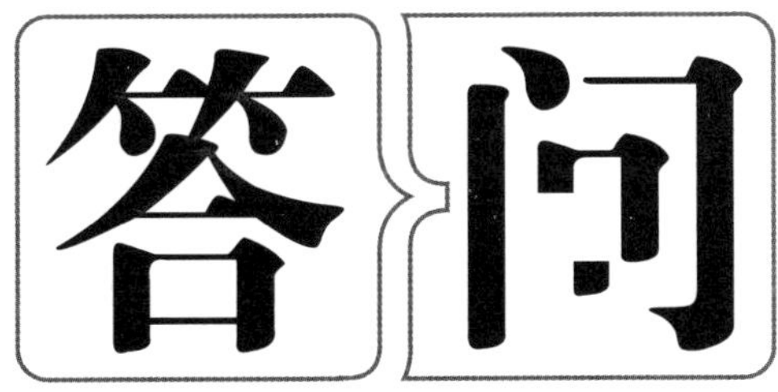

中共山东省委党校（山东行政学院）马克思主义学院课题组

赵纪萍 王丹丹 | 著

中央党校出版集团

图书在版编目（CIP）数据

关于新时代"永恒课题"的答问 / 赵纪萍，王丹丹著 . — 北京 : 国家行政学院出版社，2023.1

ISBN 978-7-5150-2683-1

Ⅰ . ①关… Ⅱ . ①赵… ②王… Ⅲ . ①中国共产党—政治建设—学习参考资料 Ⅳ . ① D26

中国版本图书馆 CIP 数据核字（2022）第 222451 号

书　　名　关于新时代"永恒课题"的答问
GUANYU XINSHIDAI "YONGHENG KETI" DE DAWEN
作　　者　赵纪萍　王丹丹　著
统筹策划　陈　科
责任编辑　刘韫劼
出版发行　国家行政学院出版社
（北京市海淀区长春桥路 6 号　100089）
综 合 办　（010）68928887
发 行 部　（010）68928866
经　　销　新华书店
印　　刷　北京盛通印刷股份有限公司
版　　次　2023 年 1 月北京第 1 版
印　　次　2023 年 1 月北京第 1 次印刷
开　　本　155 毫米 × 230 毫米　16 开
印　　张　8.75
字　　数　73 千字
定　　价　28.00 元

本书如有印装问题，可联系调换，联系电话：（010）68929022

要立足时代特点，推进马克思主义时代化，更好运用马克思主义观察时代、解读时代、引领时代，真正搞懂面临的时代课题，深刻把握世界历史的脉络和走向。

——习近平在十八届中央政治局第四十三次集体学习上的讲话（2017 年 9 月 29 日）

出版说明

党的十八大以来，中国特色社会主义进入新时代，开启新征程。诚如马克思所指出的，“问题就是时代的口号，是它表现自己精神状态的最实际的呼声”，新时代就要解决新问题。

为回应新时代背景下广大党员、干部、群众特别关心、迫切需要解答的现实问题，我社特推出“新时代之问”系列答问读物，邀请相关领域权威专家学者，针对党的十八大以来我国在经济、政治、文化、社会、生态等领域重大问题进行专题解答。“新时代之问”系列秉承解决真问题、真解决问题的初衷，力求提出的问题和分析解答有助于广大党员、干部深刻领会把握习近平新时代中国特色社会主义思想的精神实质、核心要义、丰富内涵和实践要求，把学习成果转化为推动工作的强大动力和生动实践。为实现社会主义现代化强国目标和中华民族伟大复兴凝心聚力！

前　言

马克思曾经说，“问题是时代的格言，是表现时代自己内心状态的最实际的呼声”[①]。认识世界、改造世界的过程，从根本上来说，就是发现问题、解决问题的过程。每一个时代有每一个时代的课题，把握不同历史时期的重大时代课题并科学探索解决之道，是我们党能够战胜一个又一个困难、取得一个又一个胜利的重要法宝和经验。其中，有些课题是贯穿各个历史时期并在未来依然存在的，需要经常抓、深入抓、持久抓，这些课题就是习近平总书记反复强调的永恒课题。对于这些永恒课题，我们要深刻领会并积极思考应对之策。

鉴于此，中共山东省委党校（山东行政学院）马克思主义学院、当代中国马克思主义研究基地（山东省社科理

① 《马克思恩格斯全集》第一卷，人民出版社 1995 年版，第 203 页。

论重点研究基地）将习近平总书记强调的永恒课题列为重点研究项目，并成立课题组对该课题进行系统深入研究。课题组成员曾以《习近平总书记强调的“永恒课题”》为题写过一篇文章，发表于2022年2月28日的《学习时报》思想理论版，对习近平总书记曾反复提及的永恒课题作了梳理并进行了简单的阐释。在此基础之上，我们又对习近平总书记所强调的这些永恒课题从宏观和微观两个视角、理论和实践两个方面进行了更为系统、深入的研究后撰写了本书。

由于这些永恒课题是习近平总书记在不同时间、不同场合，在特定条件、针对特定问题提出来的，所以既需要对习近平总书记讲话的原文进行研读，又需要对当时讲话的时空场景进行客观准确的把握。为此，我们不仅查阅了讲话原文，还查阅了党的历史上与习近平总书记所强调的永恒课题有关的大量文献资料，尽最大努力把永恒课题提出的来龙去脉、所要解决的问题以及回答好永恒课题产生的重要影响等问题搞清楚、讲明白。限于作者水平、时间、精力以及占有资料，我们对永恒课题中所涉及的更加具体的问题尚缺乏更加深入、系统的研究，也就难免还存在不尽如人意之处，敬请广大读者理解和谅解，诚盼广大读者和学界识者不吝指正！

在写作这本小册子的过程中，有很多朋友和同事起到了至关重要的作用，在此一并表示诚挚感谢。我们尤其感谢国家行政学院出版社的编辑团队，从这本书的早期策划、提纲拟定、草稿调整一直到最终定稿，他们都给予了充满智慧的建议，并为该书的出版尽可能地提供了最好的条件。

目 录

第一个问题

新时代“永恒课题”是什么？

坚持问题导向是马克思主义的鲜明特点。习近平总书记在党的二十大报告中指出：“问题是时代的声音，回答并指导解决问题是理论的根本任务。”[①] 人类社会的发展过程就是一个不断解决问题、化解矛盾的过程，旧的问题解决了，新的问题又会源源不断地出现。人们认识和改造自然、社会以及自身的过程就是不断发现问题、认识问题、解决问题的过程。马克思主义的出场正是源于对时代问题的思考和回应，并在理论与实践的结合中不断地解决时代之问，既推动了社会的发展，也实现了自身的理论创新与发展。从这个意义上来说，坚持问题导向是马克思主义的

① 习近平：《高举中国特色社会主义伟大旗帜 为全面建设社会主义现代化国家而团结奋斗——在中国共产党第二十次全国代表大会上的报告》，人民出版社 2022 年版，第 20 页。

理论品格和根本要求。

每一时代有每一时代的课题。每一时代的重大课题都是对该时代社会主要矛盾的反映和回应。100 多年来，中国共产党准确把握民族独立、人民解放和国家富强、人民幸福的历史性课题，在团结和领导中国人民干革命、搞建设、抓改革的苦干实干中解决了一个又一个重大时代课题，从而不断地从成功走向成功，并推动了马克思主义的中国化时代化，使马克思主义在破解中国社会重大时代课题的过程中展现出了强大的真理力量和实践伟力。从马克思主义中国化的历史进程来看，深刻认识和准确把握每一时代的重大问题，是理论与时俱进、实践创新发展的前提和基础。

中国特色社会主义进入新时代，百年未有之大变局加速演变，世界形势越发动荡不安，我国社会主要矛盾发生新的变化。新形势和社会主要矛盾的新变化带来了新的时代课题，所要解决的矛盾和问题不仅复杂而且世所罕见。因此，习近平总书记特别指出，“要有强烈的问题意识，以重大问题为导向，抓住关键问题进一步研究思考，着力推动解决我国发展面临的一系列突出矛盾和问题”[①]。进入

① 习近平：《关于〈中共中央关于全面深化改革若干重大问题的决定〉的说明》，《求是》2013 年第 13 期。

新时代以来，以习近平同志为核心的党中央始终坚持以重大问题为导向，无论在治国治党治军还是在改革发展、内政外交中都始终贯穿着强烈的问题意识，直面新时代提出的重大时代课题，始终聚焦新时代坚持和发展什么样的中国特色社会主义、怎样坚持和发展中国特色社会主义，建设什么样的社会主义现代化强国、怎样建设社会主义现代化强国，建设什么样的长期执政的马克思主义政党、怎样建设长期执政的马克思主义政党等重大时代课题，坚持问题导向来思考和筹划新时代坚持和发展中国特色社会主义、建设社会主义现代化强国、建设长期执政的马克思主义政党的根本目标、战略安排和重大部署，推动社会主要矛盾的逐步解决，以此推动新时代党和国家事业的发展，如期实现第二个百年奋斗目标，早日实现中华民族伟大复兴的宏伟目标。

唯物辩证法认为，事物以矛盾的方式存在着，而矛盾都有主次、轻重之分。这就要求我们不仅要看到事物的矛盾，而且要从多要素、多层次的相互联系、相互作用、相互制约、相互协调上来考虑问题。从这个意义上来说，为了回答好新时代坚持和发展什么样的中国特色社会主义、怎样坚持和发展中国特色社会主义，建设什么样的社会主义现代化强国、怎样建设社会主义现代化强国，建设什么样的长期执政的马克思主义政党、怎样建设长期执政的马克思主义政党等重大时代课题，我们需要回答好很多蕴含于重大时代课题之中的更加具体的问题。

问题是事物矛盾的表现形式，增强问题意识、坚持问题导向，就是承认矛盾的普遍性、客观性，就是要善于把认识和化解矛盾作为打开工作局面的突破口。新时代，我国已经进入发展的关键期、改革攻坚期、矛盾凸显期，我们面临的矛盾更加复杂化，既有过去长期积累而成的矛盾，也有在解决旧矛盾过程中产生的新矛盾，还有过去存在而且在新时代又有新的表现形式的矛盾，这些矛盾就是我们要回答好重大时代课题的突破口，是蕴含于重大时代课题之中且表现更为直观、具体的问题。习近平总书记曾经多次非常明确地指出过这些问题。在党的二十大报告中，他结合新的实际具体概括了这些问题，指出："必须清醒看到，我们的工作还存在一些不足，面临不少困难和问题。主要有：发展不平衡不充分问题仍然突出，推进高质量发展还有许多卡点瓶颈，科技创新能力还不强；确保粮食、能源、产业链供应链可靠安全和防范金融风险还须解决许多重大问题；重点领域改革还有不少硬骨头要啃；意识形态领域存在不少挑战；城乡区域发展和收入分配差距仍然较大；群众在就业、教育、医疗、托育、养老、住房等方面面临不少难题；生态环境保护任务依然艰巨；一些党员、干部缺乏担当精神，斗争本领不强，实干精神不足，形式主义、官僚主义现象仍较突出；铲除腐败滋生土壤任务依然艰巨，等等。”[①] 这是对新时代重大课题解构式的回答，使回答好新时代重大课题有了更为具体的切口，这要求我们把聚焦回答提高发展质量、机制体制改革、提高法治现代化水平、优化经济结构、全面从严治党、保持党同人民群众血肉联系、加强作风建设、确保粮食安全等更为具体的问题融入对新时代重大课题的回答之中，抓实、抓细对新时代重大课题的回答。

在这些更为具体的问题中，有一些问题不仅贯穿整个新时代而且在未来将依然存在，是需要经常抓、深入抓、持久抓的，这些问题就是习近平总书记反复强调的“永恒课题”。具体来说，自党的十八大以来，习近平总书记曾在不同场合反复强调要对“保持党同人民群众的血肉联系”“保障粮食安全”“作风建设”“从严治党”“同自然灾害抗争”“党的政治建设”“不忘初心、牢记使命”等永恒课题常抓不懈。虽然习近平总书记

① 习近平：《高举中国特色社会主义伟大旗帜 为全面建设社会主义现代化国家而团结奋斗——在中国共产党第二十次全国代表大会上的报告》，人民出版社 2022 年版，第 14 页。

所强调的这些永恒课题所涉及的问题、所要解决的矛盾侧重点不同，但都有以下共同特点：其一，回答好这些永恒课题不可能毕其功于一役，需要常抓不懈、构建答好永恒课题的长效机制；其二，这些永恒课题的具体表现形式不是一成不变的，而是随着时代条件的发展有不同的表现形式，需要精准识别问题症结所在并对症下药；其三，回答好这些永恒课题是回答好新时代重大课题的内在要求，也是能够回答好新时代重大课题的重要前提，需要把回答好永恒课题融入对新时代重大课题的回答之中。

第二个问题

为什么新时代“永恒课题”必须常抓不懈?

习近平总书记强调的这些永恒课题需要常抓不懈，主要有以下原因。

第一，这些永恒课题所要解决的问题是事物矛盾的具体表现形式，是客观存在而又不断发展变化的，这就要求对这些永恒课题常抓不懈。矛盾是普遍存在的，矛盾是事物联系的实质内容和事物发展的根本动力。人的认识活动和实践活动，从根本上说就是不断认识矛盾、不断解决矛盾的过程。从这个意义上说，承认矛盾的普遍性、客观性，就要求我们增强问题意识、坚持问题导向，无论在发展关键期、改革攻坚期还是在矛盾凸显期都要关注永恒课题所要解决的具体矛盾、具体问题，并不断推动矛盾、问题的解决。如果在矛盾面前畏缩不前，回避甚至掩饰矛盾，坐看矛盾发生质的突变、恶性转化，势必造成无法弥补的损失。习近平总书记所强调的这些永恒课题都是针对一些牵动面广、耦合性强的深层次矛盾的，对于回答好新时代重大时代课题意义重大。如果我们不迎难而上、因势利导地对这些永恒课题常抓不懈，任凭矛盾、问题不断积累并向不利方面转化，就会最终影响到社会主要矛盾的解决，难以在新的赶考路上交出对于新时代重大课题的满意答卷。

第二，这些永恒课题是阶段性和连续性的统一，永恒课题所要解决的问题不可能有一蹴而就、一劳永逸的解决方案，这就要求我们对这些永恒课题常抓不懈。马克思主义认为，事物的发展是阶段性和连续性的统一。中国共产党面临的永恒课题不是只存在于新时代，而是从中国共产党成立之日起就已经存在了，而且还将超越新时代的时间界限在未来继续存在。在进入新时代之前，中国共产党就经历了几个相互衔接的历史阶段。由于不同历史阶段所面临的客观情况、主要矛盾和历史使命不同，这些永恒课题所要解决的问题也有不同的外在表现形式，这也使得中国共产党在不同历史阶段答好永恒课题时取得了不同的成果，在把握永恒课题的内在结构、发展逻辑以及规律趋势等方面积累了丰富的经验，不仅汇聚为各个历史时期解决社会主要矛盾、回答好时代课题的重要力量源泉，而且为新时代乃至更遥远的未来进一步回答好永恒课题奠定了坚实的基础。问题是历史呈现的，因此要用历史眼光看待问题。进入新时代，这些永恒课题必将以新的形式呈现，我们就更加需要运用马克思主义的立场、观点和方法，厘清问题发展的脉络，从历史中汲取智慧和经验，形成关于永恒课题的规律性认识，持之以恒、久久为功，为在新时代乃至未来答好永恒课题构建长效机制。

第三，这些永恒课题本身就是党在不同历史时期的重大时代课题的重要组成部分，回答好永恒课题为完成党在革命、建设和改革各个历史时期的主要任务，回答好时代课题发挥了不可替代的关键作用。“保持党同人民群众的血肉联系”“作风建设”“从严治党”“党的政治建设”“不忘初心、牢记使命”等永恒课题，事关党的性质宗旨、理想信念、奋斗目标，是对“中国共产党是什么、要干什么”这一根本问题的理论展开，是中国共产党在各个历史时期始终保持无产阶级政党的先进性、纯洁性，保证党的事业的社会主义方向的根本政治保障。“保障粮食安全”“同自然灾害抗争”等永恒课题事关人类生存发展，是治国安邦的重要基石。为了完成党在革命、建设和改革各个历史时期的主要任务，回答好不同历史时期的时代课题，就需要从战略上、全局上看得更深一点、更远一点，把“保障粮食安全”“同自然灾害抗争”等永恒课题作为基础工作、永恒课题，常抓不懈。

第三个问题

如何回答好新时代“永恒课题”？

回答好新时代“永恒课题”，首先要对永恒课题进行客观、准确的把握。只有了解了问题是什么，才可能实事求是地解决好问题。马克思曾经指出，“一个时代的迫切问题，有着和任何在内容上有根据的因而也是合理的问题共同的命运：主要的困难不是答案，而是问题。因此，真正的批判要分析的不是答案，而是问题”[①]。一方面要贯通过去、现在和未来，在历史方位的不断变迁中对永恒课题进行把握，才能从中了解永恒课题提出的来龙去脉，从而更好地对永恒课题进行客观的把握。另一方面，要拓宽视野，全方位地洞察永恒课题所要解决的问题，在国际国内的相互联系中、在改革发展的实践中、在总结经验教训中洞察分析问题，才能对永恒课题进行准确的把握。

---

① 《马克思恩格斯全集》第一卷，人民出版社 1995 年版，第 203 页。

回答好新时代“永恒课题”，最根本的是要夯实理论根基，坚持学习和掌握马克思主义基本理论，不断提高理论素养。习近平总书记指出，“学习马克思主义基本理论是共产党人的必修课”①。从党的百年奋斗历程来看，中国共产党之所以能够闯过一个又一个难关而不断取得胜利，根本在于能够把马克思主义基本原理同中国具体实际相结合、同中华优秀传统文化相结合，及时回答中国之问、时代之问、人民之问、世界之问，在于善于与时俱进、了然于胸地运用理论智慧指导实践、解决问题。成功做到“两个结合”、促使马克思主义在中国大地上展现出强大的真理力量和实践伟力，前提是熟练掌握运用马克思主义基本原理。为此，就需要重视学习马克思主义经典著作，熟练掌握和运用马克思主义基本理论。毛泽东同志就曾指出，“如果我们党有一百个至二百个系统地而不是零碎地、实际地而不是空洞地学会了马克思列宁主义的同志，就会大大地提高我们党的战斗力量”②。习近平总书记也特别强调学习马克思主义基本理论的重要性，要求领导干部要重视学习马克思主义经典著作，指出“马克思主义经典著作中

---

① 习近平：《学习马克思主义基本理论是共产党人的必修课》，《求是》2019 年第 22 期。

② 《毛泽东选集》第二卷，人民出版社 1991 年版，第 533 页。

所阐发的基本原理始终是指导中国革命、建设、改革的强大思想武器，始终是中国共产党人的宝贵精神财富”[①]。因此，只有认真、系统地研读马克思主义经典作家的原著，以此夯实理论根基，才有可能科学运用马克思主义基本原理，在理论和实践的结合中不断破解难题，答好永恒课题。

回答好新时代“永恒课题”，还要坚持用马克思主义的立场、观点和方法来观察、分析和解决问题。马克思曾经指出：“哲学家们只是用不同的方式解释世界，而问题在于改变世界。”[②] 马克思主义既是一种科学的理论，又蕴含着改变世界的物质力量。马克思主义之所以行，根本就在于马克思主义从诞生之日起就密切关注和回答时代与实践提出的重大课题，以其马克思主义的立场、观点和方法不断回应、回答时代课题，并在这一过程中实现了理论创新、推动了实践发展。马克思主义的立场、观点和方法，贯穿于马克思列宁主义、毛泽东思想和中国特色社会主义理论体系之中，是马克思主义科学思想体系的精髓所在。要真正理解掌握马克思主义的立场、观点和方法，回答好新时代“永恒课题”，需要做好以下几点。

---

① 《习近平党校十九讲》，中共中央党校出版社 2014 年版，第 227 页。

② 《马克思恩格斯选集》第一卷，人民出版社 1972 年版，第 19 页。

一是要解决立场问题，即“为什么人”的问题。习近平总书记指出，“为什么人的问题，是检验一个政党、一个政权性质的试金石”[①]。以马克思主义为指导思想的中国共产党，毫不掩饰马克思主义政党的阶级性，旗帜鲜明地站在无产阶级和广大人民一边，始终把人民立场作为根本政治立场，始终从最广大人民的根本利益出发来认识问题、分析问题和解决问题，才一路披荆斩棘，不断破解各个历史时期的时代课题，推动实现了“在中华大地上全面建成了小康社会”的奋斗目标。新时代无论是回答新的时代课题还是永恒课题都要始终坚持人民立场。

二是要科学把握和运用马克思主义观点来指导实践并推动实践发展。概括来说，马克思主义观点是关于自然、社会和人类思维规律的科学认识和总结，是一个融哲学、政治经济学和科学社会主义于一体的科学体系，具体体现在马克思主义的基本原理之中，是我们认识世界和改造世界的强大思想武器，是理论上清醒之根本所在。立场和观点是相辅相成的，只有科学把握马克思主义观点，才能做到理论上清醒，才能在政治立场上坚定。

---

① 习近平：《决胜全面建成小康社会 夺取新时代中国特色社会主义伟大胜利——在中国共产党第十九次全国代表大会上的报告》，人民出版社 2017 年版，第 44—45 页。

三是努力掌握马克思主义方法。恩格斯强调：“马克思的整个世界观不是教义，而是方法。它提供的不是现成的教条，而是进一步研究的出发点和供这种研究使用的方法。”[①] 马克思主义的立场、观点和方法是相互联系、不可分割的，统一和贯穿于马克思主义的科学理论体系。只有科学把握马克思主义观点，才能做到坚持马克思主义立场；而真正做到坚持马克思主义立场、观点，必须以科学的方法来落实，必须坚持马克思主义方法。学习掌握马克思主义的方法，必须学习掌握唯物辩证的思想方法和工作方法，客观地而不是主观地、发展地而不是静止地、全面地而不是片面地、系统地而不是零散地、普遍联系地而不是孤立地去观察事物、分析问题、解决问题，在矛盾双方对立统一的过程中把握事物的发展规律，特别是要不断深化对共产党执政规律、社会主义建设规律和人类社会发展规律的认识，在具体工作中更好地把握规律性，增强主动性，减少盲目性，克服片面性。

① 《马克思恩格斯全集》第三十九卷，人民出版社1974年版，第406页。

第四个问题

为什么保持党同人民群众的血肉联系是一个永恒课题?

2013年6月18日，在党的群众路线教育实践活动工作会议上的讲话中，习近平总书记指出，保持党同人民群众的血肉联系是一个永恒课题。为什么习近平总书记把“保持党同人民群众的血肉联系”提到永恒课题的高度来加以强调，并要求常抓不懈呢？可以从以下几个方面来理解。

第一，保持党同人民群众的血肉联系是党的性质和宗旨的内在要求。马克思、恩格斯在创建世界上第一个马克思主义政党时，从阶级性和先进性对党的性质进行了界定，即共产党人“没有任何同整个无产阶级的利益不同的利益”[①],“不提出任何特殊的原则，用以塑造无产阶级

① 马克思、恩格斯:《共产党宣言》，人民出版社2018年版，第41页。

的运动”[①]，“在实践方面，共产党人是各国工人政党中最坚决的、始终起推动作用的部分；在理论方面，他们胜过其余无产阶级群众的地方在于他们了解无产阶级运动的条件、进程和一般结果”[②]，深刻指出了共产党的阶级基础、政治立场和宗旨意识，是保持党同人民群众的血肉联系的坚实理论基础。根据共产党保持先进性和纯洁性的理论原则，共产党和广大人民群众之间是相互依存、水乳交融的关系：一方面，共产党是代表工人阶级和最广大人民根本利益的政党，党性和人民性从来都是一致的、统一的，这就决定了党的根本宗旨就是全心全意为人民服务；另一方面，工人阶级和广大人民群众是共产党赖以产生、存在和发展的阶级基础，是党和国家事业的根基之所在、血脉之所在、力量之所在，失去人民的拥护和支持，党的事业和工作就会成为无源之水、无本之木。正如习近平总书记所指出的，“历史和现实都告诉我们，密切联系群众，是党的性质和宗旨的体现，是中国共产党区别于其他政党的显著标志，也是党发展壮大的重要原因”[③]。

第二，保持党同人民群众的血肉联系是我们党最大的

① 马克思、恩格斯：《共产党宣言》，人民出版社2018年版，第41页。

② 同上。

③ 《十八大以来重要文献选编》（上），中央文献出版社2014年版，第309页。

优势，决定着党的事业的成败。《中国共产党章程》明确指出："我们党的最大政治优势是密切联系群众，党执政后的最大危险是脱离群众。党风问题、党同人民群众联系问题是关系党生死存亡的问题。"[①]习近平总书记强调指出，"密切联系群众是我们党的最大优势。我们任何时候都不能削弱和丢掉这个优势，否则党的一切工作都会成为无源之水、无本之木，就会招致挫折和失败"[②]。人民群众是我们党的力量之源和胜利之本。能否保持党同人民群众的血肉联系，决定着党和国家事业的盛衰兴亡。历史和现实一再证明，密切联系群众而不是脱离群众，是我们党能够克服艰难险阻、化险为夷，从胜利走向胜利的重要法宝和优良传统，是我们总结历史经验和智慧而得出的科学结论。中国共产党为人民而生，因人民而兴。党的百年历史，既是一部为中国人民谋幸福、为中华民族谋复兴的历史，也是一部党同人民群众血肉相连、患难与共的奋斗史。在世界政党史上，没有一个政党像中国共产党这样，始终与人民心心相印、同甘共苦，始终把人民放在心中最重要的位置，始终聚焦人民的急难愁盼问题，始终用共产党人的实干担当不断践行初心使命，不断实现人民群众对美好生活

① 《中国共产党章程》，人民出版社 2012 年版，第 9 页。

② 习近平：《始终坚持和充分发挥党的独特优势》，《求是》2012年第15期。

的向往。100 多年来，无论是在革命、建设还是改革年代，我们党之所以能够成为坚强领导核心、创造一个又一个伟大成就，关键就在于党始终保持同人民群众的血肉联系，始终得到人民群众的衷心拥护和支持。回顾党的历史，什么时候党群关系密切，党的事业就顺利发展；什么时候党群关系遭遇挫折，党的事业就会遭受损害。实践证明，一个政党，一个政权，其前途命运取决于人心向背。新时代新征程，踏上新的赶考路，风更高、浪更急，我们更要继续保持这一最大优势，保持党同人民群众的血肉联系，站稳人民立场，坚持全心全意为人民服务的根本宗旨，贯彻党的群众路线，尊重人民首创精神，紧紧依靠人民创造新的历史伟业。

第三，保持党同人民群众的血肉联系面临新形势和新变化，保持党同人民群众的血肉联系的方式方法也需要与时俱进、创新发展。进入新时代，百年未有之大变局加速演进，世情、国情、党情都发生了深刻变化，也给保持党同人民群众的血肉联系带来了新的任务和挑战。一方面，面对经济体制深刻变革、社会结构深刻变动、利益格局深刻调整、思想观念深刻变化，社会中不同群体的物质文化需求、对美好生活向往的具体内涵也发生了深刻变化。例如，人民对美好生活的需要内涵更加广泛，在民主、法治、公平、正义、安全、环境等方面的要求日益增长，因此需要结合新情况具体分析和思考新时代如何保持党同人民群众的血肉联系，增强密切联系群众工作的针对性、有效性。另一方面，新时代受各种因素影响，党内脱离群众的现象依然存在，脱离群众的危险依然是摆在全党面前的"四大危险"之一。虽然党的十八大以来，以习近平同志为核心的党中央首先出台中央八项规定，随后通过组织开展群众路线教育实践活动、"三严三实"专题教育、"两学一做"学习教育等，对整治脱离群众的行为动真格、出重拳，取得了很大成效，但是教条主义、形式主义、官僚主义、弄虚作假、虚报浮夸、独断专行、软弱涣散以及以权谋私等消极腐败现象仍在党内不同程度地存在，严重损害党在人民群众中的形象，严重损害党群干群关系。习近平总书记指出："人民群众最痛恨各种消极腐败现象，最痛恨各种特权现象，这些现象对党同人民群众的血肉联系最具杀伤力。"[①] 对这些脱离群众的问题和现象如果掉以轻心，任其泛滥，党就会丧失群众基础，动摇执政的群众基础。此外，还要注意到，当前党内脱离群众现象的表现形式也发生了较大的变化，有一些问题表现得比较隐蔽。这

① 《深刻感悟和把握马克思主义真理力量 谱写新时代中国特色社会主义新篇章》，《人民日报》2018 年 4 月 25 日。

就对鉴别脱离群众现象的能力提出了更高的要求，也为抓好保持党同人民群众的血肉联系这一永恒课题带来了新的挑战、提出了更高的要求。

第五个问题

我们党对于保持同人民群众的血肉联系有哪些具体要求和举措?

对于保持党同人民群众的血肉联系，中国共产党在不同历史时期都提出过一些具体要求和举措，我们通过历史梳理并结合新时代这一新的历史方位，坚持普遍性和特殊性相统一的原则，总结出新时代保持党同人民群众的血肉联系的具体要求和举措。

具体要求可以从四个方面来把握。

一是必须牢记根本宗旨，坚持人民至上。党的十八届六中全会通过的《关于新形势下党内政治生活的若干准则》(以下简称《准则》) 规定，“必须把坚持全心全意为人民服务的根本宗旨、保持党同人民群众的血肉联系作为加强和规范党内政治生活的根本要求”[①]。党的宗旨是政党

① 《〈关于新形势下党内政治生活的若干准则〉〈中国共产党党内监督条例〉辅导读本》，人民出版社 2016 年版，第 31—32 页。

活动的根本目的和意图，是政党利益代表功能的集中体现。中国共产党是中国工人阶级的先锋队，同时是中国人民和中华民族的先锋队。党的这种性质决定了它是中国各族人民根本利益的忠实代表，决定了党的宗旨只能是全心全意为人民服务。人民群众之所以需要党、热爱党、信任党，从根本上来讲就在于共产党是人民利益的实现者和守护者。如果不坚持党的宗旨、不坚持人民至上，不代表和维护人民的根本利益，也就不可能得到人民的支持和拥护，保持党和人民群众的血肉联系就无从谈起。因此，保持党同人民群众的血肉联系最根本的要求就是各级党员领导干部必须牢固树立宗旨意识，坚持人民至上，厚植人民情怀，切实增进同人民群众的感情、密切同人民群众的联系。

二是必须站稳人民立场，切实实现好、维护好和发展好人民群众的利益。党的十九届六中全会通过的《中共中央关于党的百年奋斗重大成就和历史经验的决议》全面总结党的百年奋斗重大成就和历史经验，强调要永远保持党同人民群众的血肉联系，这就要求“站稳人民立场，坚持人民主体地位，尊重人民首创精神，践行以人民为中心的发展思想，维护社会公平正义，着力解决发展不平衡不充分问题和人民群众急难愁盼问题，不断实现好、维护好、发展好最广大人民根本利益，团结带领全国各族人民不断为美好生活而奋斗”[①]。站稳人民立场，实现好、维护好和发展好人民群众的利益，解决了“为了谁”这一根本问题。人民群众是讲实际的。能否保持党同人民群众的血肉联系，根本上取决于人民群众利益的实现程度。因此，各级领导干部不仅要始终站在人民立场上想问题、做工作，把人民群众的利益看得比泰山还重，而且要从行动上着力解决人民群众最关心、最现实的利益问题，切实把人民群众的利益实现好、维护好、发展好，不断增强人民群众对党的信任和信心，筑牢党长期执政最可靠的阶级基础和群众基础。

三是必须坚持和贯彻群众路线的根本工作路线。《准则》要求，“全党必须牢固树立人民群众是历史创造者的历史唯物主义观点，站稳群众立场，增进群众感情。党的各级组织、全体党员特别是各级领导机关和领导干部要贯彻党的群众路线，做到一切为了群众，一切依靠群众，从群众中来，到群众中去，为群众办实事、解难事，当好人民公仆”[②]。习近平总书记强调，“群众路线是我们党的生命线和根本工作路线，是我们党永葆青春活力和战斗力的重要

① 《〈中共中央关于党的百年奋斗重大成就和历史经验的决议〉辅导读本》，人民出版社2021年版，第469页。

② 《〈关于新形势下党内政治生活的若干准则〉〈中国共产党党内监督条例〉辅导读本》，人民出版社2016年版，第32页。

传家宝”[①]。“一切为了群众，一切依靠群众，从群众中来，到群众中去”的群众路线是我们党在长期的奋斗中创造和发展起来的，群众路线体现了党的性质、宗旨和工作方法，揭示了党与人民群众的关系问题，为保持党同人民群众的血肉联系指明了方向、提供了遵循。100 多年来，我们党正是由于始终坚持和发展党的群众路线，才能始终保持党同人民群众血肉联系，才能从人民群众中汇聚起磅礴力量，创造一个又一个彪炳史册的人间奇迹。可以说，革命、建设、改革的一切成就，都是我们党领导人民群众共同奋斗的结果，都是坚持党的群众路线、密切党同人民群众联系的结果。历史和现实已经反复证明，什么时候群众路线贯彻执行得好，党群干群关系就密切，我们党的事业就能健康顺利发展；什么时候群众路线贯彻执行得不好，党群干群关系就会受到损害，党的事业就可能遭受挫折。

四是要加强党的建设，尤其是加强党的作风建设。党的十五届六中全会通过的《中共中央关于加强和改进党的作风建设的决定》指出：“加强和改进党的作风建设，核心问题是保持党同人民群众的血肉联系。”[②]党的十九届六

① 《习近平谈治国理政》，外文出版社 2014 年版，第 27 页。

② 《中共中央关于加强和改进党的作风建设的决定》，《人民日报》2001 年 10 月 8 日。

中全会通过的《中共中央关于党的百年奋斗重大成就和历史经验的决议》指出，“我们党来自人民、植根人民、服务人民，一旦脱离群众就会失去生命力，全面从严治党必须从人民群众反映强烈的作风问题抓起”[①]。保持党同人民群众的血肉联系是加强和改进党的作风建设的核心问题，全面从严治党就必须从人民群众反映强烈的作风问题抓起。

保持党同人民群众的血肉联系的举措列举如下。

一是要加强对广大党员领导干部的教育，提高做群众工作的能力。《准则》指出，“党的各级组织、全体党员特别是领导干部必须提高做群众工作能力，既服务群众又带领群众坚定不移贯彻落实党的理论和路线方针政策，把党的主张变为群众的自觉行动，引领群众听党话、跟党走”。提高做群众工作的能力，是坚持和贯彻群众路线的首要要求。党的十八大以来，广大党员干部服务群众的自觉性明显增强，做群众工作的能力也有显著提高。与此同时，随着新时代带来新情况、新问题，群众工作的对象、环境、内容都在发生深刻变化，迫切需要提高广大党员领导干部做群众工作的能力。要抓紧解决不会做群众工作的问题，

① 《中共中央关于党的百年奋斗重大成就和历史经验的决议》，人民出版社 2021 年版，第 30 页。

不断提高各级领导干部特别是中青年干部做思想政治工作的能力、组织动员群众的能力、思维表达的能力、了解社情民情的能力、协调不同群体利益关系的能力、化解人民内部矛盾的能力、处理突发事件的能力，打牢做群众工作的基本功。

二是要与时俱进地创新党密切联系群众的方式方法。进入新时代，世情、国情和党情都发生了新的变化，人民群众的物质文化需求，尤其是对高质量物质文化需求不断增长，党联系群众的方式随着信息化、智能化的发展也有了新的变化，因此党在了解人民群众需求、把握人民群众关切、汇集人民群众意见等方面都面临新的挑战，需要研究新情况、新问题，与时俱进地创新党密切联系群众的方式方法。首先，要善于从历史中汲取经验智慧，把以往行之有效并能很好适应新形势的方式方法坚持好、运用好，例如，党员干部深入基层、深入实际与群众面对面地交流仍然是密切党群干群关系的好方法。其次，要善于利用融媒体、互联网等新技术、新手段，更加及时、全面、精准地了解社情民意，倾听人民群众呼声并及时回应人民群众的关切，与时俱进拓展党密切联系群众的渠道。最后，要把握新形势下群众工作的特点和规律，增强服务群众的精准度、精细度，创新党员干部直接联系群众、了解社情民意、维护群众权益、接受群众监督等方面的制度机制，切实把党的政治优势和组织优势转化为群众工作效能，切实把广大人民群众紧密团结在党的周围，汇聚起实现中华民族伟大复兴的磅礴力量。

三是以坚决反对“四风”为切口，切实推动党的作风建设。坚决反对形式主义、官僚主义、享乐主义和奢靡之风，是习近平总书记在开展党的群众路线教育实践活动工作会议上提出的，赢得了人民群众的热烈拥护。《准则》也要求“全党必须坚决反对形式主义、官僚主义、享乐主义和奢靡之风，领导干部特别是高级干部要以身作则”①。当前党内仍然存在“四风”问题，这是党和人民的大敌，共同点是脱离人民群众、严重违背党的性质和宗旨。“四风”问题的普遍存在，严重地损害了党的形象和威信、侵蚀了党的肌体、割断了党同群众的血肉联系，成为危害党和人民事业的大敌。党的十八大以后，中共中央政治局提出关于改进工作作风、密切联系群众的八项规定，就是要直面和解决这些突出问题。新的历史条件下，要紧盯“四风”问题的新表现和新趋势，在坚决反对和纠正各种错误问题的同时，努力查找产生问题的深层次原因，着力从理

---

① 《〈关于新形势下党内政治生活的若干准则〉〈中国共产党党内监督条例〉辅导读本》，人民出版社 2016 年版，第 32 页。

想信念、工作程序、体制机制等方面下功夫纠治“四风”问题，争取做到既治标又治本。

四是要加强制度建设，构建保持党同人民群众的血肉联系的长效机制。制度更带有根本性、全局性、稳定性、长期性。党内存在的脱离群众的林林总总的问题的解决不可能一蹴而就，需要通过经常性的工作来解决，这就需要建立健全密切联系群众的长效机制，并狠抓密切联系群众各项制度的贯彻落实。100 多年来，我们党不断把在保持党同人民群众血肉联系的实践活动中创造出来的一些好的经验和做法转化为制度成果，在贯彻群众路线、密切联系群众方面有了比较系统的制度体系。其中有很多制度是行之有效的、受到人民群众认可的，例如，干部直接联系群众制度、领导干部定期接待群众来访制度、领导干部蹲点制度等，这些都是密切联系群众的好制度，需要坚持、完善并抓好贯彻落实。当然，新形势下，党在密切联系群众方面也面临着一些新的挑战。这就要求我们必须与时俱进、大胆创新，对不适应新形势新任务的制度，抓紧修订完善，并创造出新的制度形式，创新发展并不断完善保持党同人民群众的血肉联系的长效机制。

第六个问题

为什么保障粮食安全是一个永恒课题？

2013 年 11 月 24 日至 28 日，习近平总书记在山东考察时强调，保障粮食安全是一个永恒的课题，任何时候都不能放松。“洪范八政，食为政首。”习近平总书记高度重视粮食安全问题，党的十八大以来，他曾在不同场合用“治国理政的头等大事”“国家安全的重要基础”“一个永恒的课题”等鲜明论断来强调粮食安全的极端重要性。毫不夸张地说，粮食安全不仅对于党和国家是永恒课题，而且是一个世界性难题，在短期内很难解决，甚至根本解决不了，只能通过努力加以缓解。

要搞清楚为什么要把粮食安全作为一个永恒课题，首先要了解粮食安全这一概念的基本内涵。粮食安全问题虽然存在于人类社会的整个历史进程之中，但成为人们关注和研究的焦点以及成为各个国家和国际社会所追求的核心政策目标，则始于20世纪70年代，其直接动因是1972—1974年间所爆发的世界范围内的粮食危机。在这次粮食危机中受害最大的是广大发展中国家，一些最贫穷的国家，尤其是撒哈拉沙漠以南的部分非洲国家，由于无钱购买粮食或得不到国际社会的援助，陷入了空前的灾难之中，人口非正常死亡率急剧上升。粮食危机令世界舆论哗然。为此，联合国粮农组织于1974年11月在罗马召开了世界粮食大会，通过了《消除饥饿和营养不良的罗马宣言》和《世界粮食安全国际约定》，第一次提出了“粮食安全”的概念，即“保证任何人在任何时候都能够得到为了生存和健康所必需的足够的食品”，这时的粮食安全在概念上侧重于发展粮食生产和建立储备，强调粮食安全对于生存和健康的意义。但是，我们要注意到，随着世界粮食供求状况的变化，粮食安全的内涵在不断地演变。1983年4月，联合国粮农组织粮食安全委员会通过了“粮食安全”的新概念，即“粮食安全的最终目标应该是，确保所有人在任何时候既能买得到又能买得起他们所需要的基本食品”。这个新定义实际上突出了粮食安全的三项基本目标：一是确保能够生产出足够的粮食；二是最大限度地稳定粮食的供给；三是确保所有需要粮食的人都能获得粮食。1996年

11 月召开的第二次世界粮食首脑会议，再次对粮食安全的内涵给出新的表述：“在任何时候，所有人都能买得到和买得起足够的、安全和营养的食物，以满足人们日常膳食需要和食物偏好，保证人们积极和健康的生活。”这种表述进一步丰富了粮食安全的内容，更加突出了粮食安全的质量。从粮食安全内涵的发展演变，我们发现粮食安全是一个动态和发展的概念，其内涵的丰富与完善背后是人们对粮食安全之理解与认识的深化，粮食安全概念的提出是为了应对威胁人类生存的粮食危机，经历了一个从偏重于粮食的数量安全到既重数量安全也强调质量安全的认识过程，最终形成了一个更为全面的认识，即数量与质量是粮食安全的一体两面，在注重增加粮食产量的同时更加注重粮食质量的提升是今后解决粮食安全问题的大趋势和主攻方向。

要搞清楚为什么把粮食安全作为一个“永恒课题”，还要深刻认识到粮食安全之于国家安全的极端重要意义。我国拥有超过世界五分之一的人口，想要依靠别人解决亿万人民的吃饭问题，不仅不现实也是不可能的。从这个意义上讲，粮食确实是关系国计民生的重要战略物资，我们在任何时候和任何情况下都不能放松依靠自身力量保障国家粮食安全这根弦。习近平总书记在 2013 年底的中央农村工作会议上指出："一个国家只有立足粮食基本自给，才能掌握粮食安全主动权，进而才能掌控经济社会发展这个大局。"① 这就要求国家粮食安全的基本着眼点和立足点只能是国内的资源和粮食的自足自给。放眼世界，没有一个强国不能确保自己国家的粮食安全。世界上真正强大的国家，都是有能力解决自己吃饭问题的。美国是世界第一粮食出口国、农业强国，俄罗斯、加拿大和欧盟的大国也是粮食强国。如果我们的谷物不能做到基本自给，如果我们的口粮不能做到绝对安全，如果我们不能通过立足国内解决好国家的粮食安全问题，就不可能成为粮食强国，会影响整个国家经济社会发展的大局。对此，我们必须始终保持清醒的头脑，同时也要看到，随着综合国力的提升，我们对世界粮食安全的责任也在加大，这对我们立足国内确保国家粮食安全也提出了更高的要求。

此外，我国粮食安全现状客观上要求把粮食安全作为一个永恒课题常抓不懈。改革开放以来，尤其是农村税费改革以来，经过多年的努力，我国已实现了谷物基本自给、口粮绝对安全，将饭碗牢牢端在自己手里。但是，面对当前日益激烈的国际粮食竞争和越发严峻的生态

① 《习近平关于"三农"工作论述摘编》，中央文献出版社2019年版，第72页。

环境约束，我国粮食安全形势也日趋复杂。从现实看，我国粮食生产存在突出的品种结构和效益问题。经过长期发展，我国农产品供求关系已经实现了从整体短缺到总量基本平衡、丰年有余，再到阶段性供过于求、结构性不足的历史性跨域，品种结构和效益问题突出。总体来看，我国粮食供求处于紧平衡状态，而且紧平衡很可能是我国粮食安全的长期态势。“紧平衡”一词内涵丰富，包括了供给与需求、总量与结构、当前与长远、产出与约束等诸多需要平衡的突出矛盾。从粮食需求来看，经济社会的不断发展会使人均口粮消费略有下降，但饲料和工业转化用粮将持续增加，这导致总的人均粮食消费增长，满足不断增长的粮食总需求并不轻松。从粮食产生来看，中国的农业生产成本不断上升，自然灾害较为频繁，又面临绿色发展和资源环境保护的约束，持续稳定的粮食生产需要付出更大的努力。从粮食交易和流通来看，中国的粮食生产继续向主产区集中，跨区域、长距离的粮食交易和运输成本不断增加，粮食价格受各种复杂因素影响大幅波动的风险依然存在。总的来说，中国的粮食安全在中长期仍将维持紧平衡。“紧平衡”是以习近平同志为核心的党中央对我国粮食安全长期态势的科学判断，这要求我们居安思危，始终把保障粮食安全这个永恒课题常抓不懈。

保障粮食安全面临着许多新情况、新问题、新挑战，这客观上要求对粮食安全这个永恒课题要与时俱进地常抓不懈。世界百年未有之大变局加速演进，国际国内形势跌宕起伏，粮食安全仍然面临巨大挑战。进入21世纪，我国粮食安全面临的挑战已经不再仅仅局限于产品供给的不安全，更多地表现为土地、水等资源的不安全，科技支撑能力弱和高成本带来的不安全。具体表现为以下方面。

一是粮食供求的结构性矛盾突出。有些品种供需错位，玉米和稻谷阶段性过剩、仓储压力较大，小麦优质、专用品种供给不足，大豆产需缺口大；有些品种价格倒挂，下游产业效益偏低、经营困难，产业良性发展受到制约。

二是粮食供给结构性矛盾凸显。具体表现在三个方面：其一，农户粮食产后服务能力较弱，社会化服务体系不健全；其二，粮食质检体系不完善，从田间到餐桌的粮食质量安全保障体系尚需进一步健全；其三，优质绿色粮油产品供给不足，难以满足城乡居民日益增长的消费需求。

三是粮食消费需求刚性增长和资源环境硬约束并存。我国人多、地少、水缺，人均耕地和淡水资源分别仅为世界平均水平的40%和25%左右，给粮食稳产增产带来了来自资源环境的难以克服的刚性约束。一方面，随着新型工业化、城镇化的深入推进，一些地区耕地"非农化""非粮化"倾向较为严重，耕地面临挤压挑战，对于增强粮食供给能力是不小的考验。另一方面，水资源相对匮乏，分布时空不均，主要表现为水资源南多北少和粮食种植北向迁移，造成主要农作物种植区域用水需求和水资源供给不匹配，给粮食安全保障带来了很大的挑战和压力。此外，我国人口持续增加，粮食消费刚性增长，而资源环境约束趋紧，成为一种粮食安全隐患。

四是未来国际粮食市场供给量不确定也会引起潜在的粮食安全隐患。当今世界，超过 1 亿人受到粮食严重不安全的威胁。从粮食贸易形势看，虽然全球谷物市场供给较宽松的趋势有望延续，但贸易量不到我国粮食消费量的一半。粮食安全是买不来的。作为 14 亿多人口的大国，依靠进口保吃饭，既不现实也不可能，饭碗里必须主要装我们自己生产的粮食。所有这些威胁粮食安全的隐患的消除都不可能是一蹴而就的，需要长久关注、认真分析、科学应对，需要把保障粮食安全作为一个永恒课题常抓不懈。

第七个问题

保障粮食安全需要着力解决哪些问题？

人无远虑，必有近忧。历史和现实证明，在粮食问题上大落容易、起来很难，一旦出了问题，多少年都会被动，不能侥幸、不能折腾。对于中国这样一个有14亿多人口的发展中大国，粮食安全与社会和谐、政治稳定、经济持续发展息息相关，始终是治国理政的头等大事，必须作为永恒课题常抓不懈，立足本国国情、粮情，贯彻创新、协调、绿色、开放、共享的新发展理念，落实高质量发展要求，实施新时期国家粮食安全战略，走出一条中国特色粮食安全之路，全面提升国家粮食安全保障能力与水平，为全面建设社会主义现代化国家提供坚强支撑。

第一，准确把握新形势下国家粮食安全战略的内涵和要求。党的十八大以来，以习近平同志为核心的党中央更加注重粮食安全，更是在2013年召开的中央经济工作会议上将“粮食安全”作为首要任务，提出实施“以我为主、立足国内、确保产能、适度进口、科技支撑”的新形势下国家粮食安全战略，并强调要坚守“确保谷物基本自给、口粮绝对安全”的战略底线。因此，保障国家粮食安全，先要准确把握新形势下国家粮食安全战略的内涵和要求。首先，“以我为主、立足国内”回答了“谁来养活中国”的问题，是粮食安全战略的立足点，强调中国饭碗应该主要装中国粮，中国必须依靠坚持独立自主解决粮食安全问题，强调要牢牢守住“确保谷物基本自给、口粮绝对安全”的战略底线。其次，“确保产能”和“科技支撑”，回答了“如何确保粮食安全”的问题，是粮食安全战略的着力点，强调确保粮食安全关键在于提高粮食产能和依靠科技创新驱动。最后，“适度进口”回答了“在确保粮食安全的过程中如何平衡国内和国外的关系”的问题，是粮食安全战略的平衡点，明确了在牢牢地把饭碗端在自己手上的基础上要积极开展粮食安全国际合作，合理利用国外资源来调剂国内供求，统筹用好国内和国外“两种资源、两个市场”，确保粮食安全。

第二，持续稳定和提高粮食生产能力，夯实粮食安全的根基。确保粮食安全的根本还是要“确保产能”，因此要立足新发展阶段，贯彻新发展理念，瞄准《中华人民共和国国民经济和社会发展第十四个五年规划和2035年远景目标纲要》提出的目标和任务，夯实粮食生产能力基础，保障粮、棉、油、糖、肉、奶等重要初级农产品供给安全。一是要严守耕地保护红线，采取强有力的措施确保耕地“非农业化”，持续抓好高标准农田建设的同时做好地力保护，不断提高农业发展质量和可持续发展能力。二是必须保证粮食生产后继有人，从“谁来种地”的角度提高粮食生产能力。当前的现实是，农民从事粮食生产的意愿降低，“谁来种地”的问题已赫然摆在了我们面前。为了解决这一问题，一方面，要强化利益导向，不折不扣地落实好中央各项支农、利农、惠农政策措施，大力提倡和积极引导农民走规模化生产之路，通过搞规模化经营提升生产效率和收益，以增强农民种地意愿和调动其种地积极性；另一方面，要在稳定家庭承包经营的基础上适度扩大经营规模，大力培育新型农业经营主体，对职业农民、种养大户、家庭农场、农民合作社、农业企业等新型粮食生产主体要大力发展、扶持、鼓励和培育，推动农业经营主体职业化。更为重要的是，要加大农业职业教育和技术培训力度，把培养青年农民纳入国家实用人才培养计划，加快构建一支有技术、懂经营的高素质新型职业农民队伍。

三是构建新型农业生产经营体系，不断完善农业生产经营方式，从"如何种地"的角度提高粮食生产能力。构建新型农业生产经营体系、创新农业生产经营方式，是激发生产经营活力、保障现代农业又好又快发展的动力之源，关键是改变过去经营规模小、组织化程度低、服务体系不健全的生产经营方式，逐步形成以家庭承包经营为基础、以农民专业合作组织为依托、以农业产业化龙头企业为骨干、以发达的农业社会化服务为保障的新型农业经营体制，使农村生产关系更加适应生产力发展，从而大幅提高农业生产效率。

第三，不断强化科技创新力，建立粮食科技创新体系，强化粮食安全的科技支撑。科技是第一生产力。在某种程度上，科技是国家粮食安全战略中的一个重要战略支点。在耕地、水资源等资源约束日益强化的硬约束下，科技力量对于粮食增产和确保粮食安全具有很强的推动力。早在 2013 年，习近平总书记在山东考察时，就强调要重视和依靠农业科技进步，提出了走内涵式农业发展道路的思想。特殊国情决定了我国农业的出路在于实现农业现代化，而农业现代化的关键在于科技进步。从这个意义上来说，依靠科技，全面建立粮食科技创新体系，也就抓住了粮食安全的"牛鼻子"。首先，要加强种业核心关键技术攻关，深入推进玉米、大豆、水稻、小麦等国家良种重大科研联合攻关，推动种业科技自立自强，打好种业翻身仗，确保中国粮主要用中国种。其次，借助现代科学技术提高耕地利用效率并积极开展土壤污染治理和修复工作。一方面，大力推广人工光源系统、营养液循环系统、数据采集系统、栽培控制系统等植物工厂技术，打破传统耕地利用方式，缩短作物生长周期，提高土地的利用效率；另一方面，着力解决土壤污染农产品等突出问题，加快研发环境污染少、绿色、效果好的化肥、农药、农膜等生产资料，既保护生态环境，又提升生产效益。再次，优化现代农业生产技术，提高农业物质技术装备水平，推动农业从劳动密集型产业向多种形式、适度规模经营的现代农业转变。最后，大力发展数字农业，助推农业高质量发展。在数字经济势不可当的发展浪潮中，大力发展数字农业，是进一步解放和发展农村生产力的有效途径，是实现农业现代化的必由之路。大力发展数字农业，关键在于针对农业领域的具体实际，构建农业与大数据、云计算、新兴技术等的新型结合模式，深入推进农业产业化发展，实现农业生产发展的新突破，以高质量农业发展筑牢粮食安全基石。

第四，搞好粮食储备调节，筑牢粮食安全战略基石。我国粮食储备历史悠久，在稳市、备荒、恤农等方面发挥了重要作用。只有做到“手中有粮”，才能确保“心中不慌”，应对各种风险挑战才有定力和底气。为此，需要促进中央储备和地方储备相结合、实物储备和产能储备相结合，按照自给目标，分品种确立粮食和重要农产品的合理政策性储备规模和比例，切实发挥中央储备粮“压舱石”和地方储备粮“第一道防线”作用，建立合理的企业社会责任储备，支持农户新型储粮仓设施建设，构建功能互补、权责清晰、统筹高效的多元主体参与的粮食储备管理体系，筑牢粮食安全的战略基石。

第五，树立大食物观，着力构建完善的粮食质量安全保障体系，积极推进农业供给侧结构性改革，满足粮食更高品质、更多样化的消费需求。过去粮食长期短缺，抓安全主要是盯着产量，着重解决人民群众“吃得饱”的问题。随着新时代社会主要矛盾的变化，人们更加关注粮食质量安全，对食品的需求更加多样化、个性化、精细化、便捷化。2022 年 3 月 6 日，习近平总书记在看望全国政协农业界、社会福利和社会保障界的委员并参加联组讨论时指出，“要树立大食物观，从更好满足人民美好生活需要出发，掌握人民群众食物结构变化趋势，在确保粮食供给的同时，保障肉类、蔬菜、水果、水产品等各类食物有效供给，缺了哪样也不行”[①]。为了适应新时代人民群众对食物高品质、多样化的需求，就需要树立大食物观。一方面，要坚持以市场消费需求为导向，以现代营养理念为引领，积极推进农业供给侧结构性改革，增加优质粮油产品供给，满足不同群体的消费需求；另一方面，要着力构建完善的粮食质量安全保障体系，坚持源头治理、标本兼治，牢牢守住食品安全的源头之门，健全粮食产品质量标准、检验监测、执法监管体系，确保广大人民群众“舌尖上的安全”。

第六，加快构建全链条节粮减损体系，切实保障粮食安全。面对我国粮食需求刚性增长、资源环境约束日益趋紧的现状，全产业链节粮减损的任务仍相当繁重。根据测算，粮食全产业链至少有 6 个百分点的减损潜力，即可以减少损失 3963 万吨，约可以满足全国 1/5 人口一年的口粮消费。因此，确保粮食安全，必须夯实科技支撑、堵住消费漏洞，加快构建粮食“产购储运加消”全链条减损体系，切实保障粮食安全。一方面，依托科技创新，打通粮食生产、加工、存储、运输中节粮减损的卡点、堵点。另一方面，聚焦消费环节，培育健康绿色的粮食消费理念和

---

① 《把提高农业综合生产能力放在更加突出的位置 在推动社会保障事业高质量发展上持续用力》,《人民日报》2022 年 3 月 7 日。

行为，加大节粮减损法律法规、政策举措的宣传力度，在餐饮行业形成反对食品浪费规范、营造粮食减损环境，采取综合措施降低粮食损耗浪费，让“舌尖上的节约”蔚然成风。

第七，积极开展粮食安全国际合作，适度进口确保粮食安全。从中长期看，无论中国粮食安全还是全球粮食安全都面临很多风险和隐患，需要各国加强合作，促进全球粮食资源合理流动，提升整体粮食安全水平，打造全球粮食命运共同体。对于中国来说，关键是构建以国内大循环为主体、国内国际双循环相互促进的新发展格局，统筹用好国内和国外“两种资源、两个市场”，增强国际粮食产业链、供应链的韧性。一方面，坚持适度进口，合理利用国外资源来调剂国内供求。需要注意的是，适度进口要坚持规模适度、进口品种和渠道多元以及进口方式多样化，确保适度进口不能伤害国内粮食的生产能力，并要最大限度地避免国际粮价大幅度波动对国内粮食安全造成冲击。另一方面，引导有实力的粮食企业有序走出去，要扩大农业国际合作，增加境外农业投资，建立一批稳定的海外粮食生产和供应基地，打造全球粮食命运共同体，提高全球粮食产量，增加粮食供给，为全球粮食生产作出贡献。

第八个问题

为什么作风建设是一个永恒课题？

2014 年 5 月 9 日，习近平总书记在指导兰考县委常委班子党的群众路线教育实践活动专题民主生活会时强调指出，作风建设是永恒课题。作风问题是一个根本性和长期性的问题，解决这一问题不可能一蹴而就、毕其功于一役，更不能“一阵风”、刮一下就停，必须作为永恒课题经常抓、深入抓、持久抓。对此，我们必须保持清醒的认识，不仅要知其然，还要知其所以然，搞清楚为何要把作风建设作为一个永恒课题常抓不懈。

第一，作风建设的重要地位决定了必须把“作风建设”作为一个永恒课题常抓不懈。党的作风建设是党的建设的重要组成部分。党的建设新的伟大工程，融党的思想建设、政治建设、组织建设、作风建设等于一体，是一个紧密联系、相互作用、不可分割的有机整体，对于其中的任何一个方面、任何一个组成部分，都不能忽视和削弱。政治建设是根本，决定着党在政治上的成熟程度，党的思想、组织和作风建设都是为了保证和加强党的政治建设；组织建设是保证，思想、政治、作风建设要由组织建设来保证；作风建设是关键，它集中体现着党的性质、宗旨和整体风貌，对于党的其他方面的建设起着促进、保证和巩固作用。党的作风建设是党的建设新的伟大工程的一个重要组成部分，作风建设能否搞好，影响到党的形象，决定着人心向背，关系到党的生死存亡以及党和人民的事业的成败。正如习近平总书记所说，“作风建设是攻坚战，也是持久战”[①]，必须作为永恒课题常抓不懈。

第二，作风建设的重要意义决定了必须把作风建设作为一个永恒课题常抓不懈。习近平总书记指出，“党的作风就是党的形象，关系人心向背，关系党的生死存亡。执政党如果不注重作风建设，听任不正之风侵蚀党的肌体，就有失去民心、丧失政权的危险。我们党作为一个在中国长期执政的马克思主义政党，对作风问题任何时候都不能掉以轻心”[②]。党风即党的作风，包括思想作风、学风、工

① 习近平:《在党的群众路线教育实践活动总结大会上的讲话》，人民出版社 2014 年版，第 24 页。

② 《习近平关于党风廉政建设和反腐败斗争论述摘编》，中央文献出版社、中国方正出版社 2015 年版，第 8 页。

作作风、领导作风、生活作风等方面内容，本质上是党的性质、宗旨、纲领、路线的重要体现，也是党的社会形象的集中展示。100多年来，作风建设一直是党的建设不可或缺的组成部分。中国共产党自成立之日起，始终秉持全心全意为人民服务的根本宗旨，在领导中国革命、建设、改革的长期实践中，形成并坚持发扬理论联系实际、密切联系群众、批评和自我批评等一系列优良传统和作风，尽管在不同历史时期作风建设面临的形势与任务有所差别，但都是通过党的作风建设推动党风、政风、社会风气持续向善向好，为党和人民事业不断前进提供了重要保障。进入新时代，我们党面临比以往更为长期、复杂和严峻的挑战，保持党的先进性和纯洁性也面临更为严峻的形势和挑战，这就更需要结合新时代条件对作风建设这个永恒课题常抓不懈。

第三，作风建设的重要特点决定了必须把作风建设作为一个永恒课题常抓不懈。作风问题具有顽固性和反复性的特点，因此作风建设不可能一蹴而就。习近平总书记曾指出："这么多年，作风问题我们一直在抓，但很多问题不仅没有解决、反而愈演愈烈，一些不良作风像割韭菜一样，割了一茬长一茬。症结就在于对作风问题的顽固性和反复性估计不足，缺乏常抓的韧劲、严抓的耐心，缺乏管长远、固根本的制度。”[①] 正是因为作风问题的顽固性和反复性，作风建设贯穿了中国共产党历史的全过程。党成立初期，提出了宣传群众、组织群众、依靠工人、领导工人的作风建设思想；新民主主义革命时期，在战争环境下，我们党把作风建设作为安身立命的重要法宝，提出了实事求是的思想路线以及依靠群众、相信群众的群众路线，与不正之风坚决斗争，以优良作风赢得民心；社会主义革命和建设时期，在执掌全国政权、从事和平建设新的历史条件下，针对增产节约运动中发现的大量令人震惊的贪污、浪费和官僚主义现象，我们党对执政党的作风建设问题进行了新的探索，通过“三反”“五反”运动、整党运动等形式及时警示和打击了新的历史环境下脱离群众、脱离实际、官僚主义和骄傲自满情绪有所滋长等作风问题，促使广大党员干部的思想认识水平得到普遍提高、队伍作风明显改善，为建设社会主义新中国凝聚了广泛力量；改革开放和社会主义现代化建设新时期，面对新的挑战和考验，中国共产党人始终保持清醒头脑，作出了“执政党的党风问题是有关党的生死存亡的问题”的重要论断，先后开展了整党、“三讲”教育、保持共产党员先进性教育、深入

---

① 习近平：《在党的群众路线教育实践活动总结大会上的讲话》，人民出版社 2014 年版，第 24—25 页。

学习实践科学发展观活动，把端正党风作为加强执政党建设的重要举措，促使全党精神面貌和作风状况焕然一新，为改革开放和社会主义现代化建设顺利推进提供了重要保障；党的十八大以来，以习近平同志为核心的党中央直面党内存在的种种问题和弊端，从“八项规定”入手，以整顿“四风”为抓手，相继开展党的群众路线教育实践活动、“三严三实”专题教育、“两学一做”学习教育、“不忘初心、牢记使命”主题教育、党史学习教育，集中整饬党风，驰而不息正风肃纪，刹住了一些过去被认为不可能刹住的歪风邪气，攻克了一些司空见惯的顽瘴痼疾，取得了作风建设的重大历史性成就，开创了党的作风建设的新局面和新境界。在100多年来的革命、建设、改革的各个历史时期，我们党始终从关系党的形象、关系人心向背、关系党和国家事业的战略高度重视作风建设，针对不同历史时期的作风建设面临的问题和挑战，有针对性地、富有创造性地加强党的作风建设，并取得了显著成效。

第四，作风建设面临的新问题新挑战决定了必须把作风建设作为一个永恒课题常抓不懈。党的十八大以来，以习近平同志为核心的党中央以强烈的历史担当和顽强的意志品质，从解决人民群众反映最强烈的不正之风入手，从落实中央八项规定破题，解决了新形势下作风建设抓什么、怎么抓的问题。经过整治，群众反映强烈的突出问题得到有效遏制，推动了党风、政风、社会风气好转。但与此同时，奢靡享乐歪风出现改头换面、潜入地下的隐形变异的现象，而形式主义、官僚主义一定程度上仍然存在而且更加隐蔽，在一些地方和单位还比较突出。在新的历史起点上，我们要深刻认识到加强作风建设，既是当前一项重大政治任务，也是党在长期执政条件下加强自身建设的一项长期任务，需要根据具体情况及新的表现和趋势，创新加强作风建设的方式方法和体制机制，必须以踏石留印、抓铁有痕的决心和韧劲常抓不懈，做到善始善终、善作善成。

第九个问题

如何打好作风建设攻坚战、持久战？

毫无疑义，作为党的建设的一项重要内容，作风建设不仅在党的建设中占据着十分重要的地位，而且在巩固党的执政基础、引领党的事业发展、发扬党的优良传统、密切党群干群关系、营造良好的政治生态等方面发挥着不可或缺的重要作用。自中国共产党成立以来，优秀和先进的中国共产党人从未放弃过对自身的作风建设，从新民主主义革命时期的延安整风运动，以及“三大作风”和“两个务必”的提出，到社会主义革命和建设时期的大规模整顿干部作风、“三反”“五反”运动、整党运动，虽然中间经历了“文化大革命”的坎坷曲折，但在改革开放和社会主义现代化建设新时期又重新恢复党的优良传统和作风、重新确立“实事求是”的思想路线、大力开展“三讲”教育和保持共产党员先进性教育、明确“八个坚持，八个反对”。可以说，党的作风建设先后经历了“初步探索—逐步成熟—重大发展—遭遇破坏—恢复发展—开拓创新”的发展过程。党的十八大以来，以习近平同志为核心的党中央更是高度重视党的作风建设，不仅站在党和国家事业发展的全局高度，围绕党的作风建设开展了一系列意义非凡、影响深远、成效卓著、深得民心的教育实践活动，如群众路线教育实践活动、“三严三实”专题教育、“两学一做”学习教育、“不忘初心、牢记使命”主题教育、党史学习教育等，而且就“为何抓”“抓什么”“怎样抓”这三大关乎作风建设成败的根本性问题，提出了新观点、进行了新部署、明确了新要求，形成了一整套科学、系统、完备的作风建设理论，贯穿治国理政的全过程，从而谱写了新时代党的建设的崭新篇章。

与此同时，我们也要清醒地认识到，这么多年，作风问题我们一直在抓，但很多问题不仅没有解决、反而愈演愈烈，一些不良作风像割韭菜一样，割了一茬长一茬，公然违反中央八项规定精神的现象依然多发。据中纪委国家监委网站显示，仅 2021 年这一年，全国查处的违反中央八项规定精神问题就有 104223 起，这其中，尤以形式主义、官僚主义、享乐主义、奢靡之风等“四风”问题以及以权谋私、贪污腐化等现象为严重。这些不正之风如果不坚决纠正抑或是得不到有效遏制，“任其发展下去，就会像一座无形的墙把我们党和人民群众隔开，我们党就会失去根基、失去血脉、失去力量”[①]。由此可见，党的作风建设任重而道远，作风问题的严峻性、顽固性、反复性以及作风建设的长期性、复杂性、艰巨性，决定了“作风建设是攻坚战，也是持久战”，其既不可能一蹴而就，也不可能一劳永逸，因此必须长期坚持，并且持续性推进，必须彻底摒弃歇歇脚的想法，坚决打好作风建设这场攻坚战、持久战。

那么，如何打好作风建设攻坚战、持久战，进而谱写新时代作风建设新篇章呢？应主要从以下几方面下功夫。

第一，筑牢作风建设的思想根基。思想建设是作风建设的前提和基础，打好作风建设攻坚战、持久战，首先要从加强党的思想建设着手。而加强思想建设的核心和关键，就在于不断开展理想信念教育和党性修养教育。一方面，“理想信念是共产党人精神上的‘钙’，没有理想信念，或者理想信念不坚定，精神上就会‘缺钙’，就会得

① 《习近平总书记系列重要讲话读本》，学习出版社、人民出版社2014年版，第165页。

'软骨病'，就可能导致政治上变质、经济上贪婪、道德上堕落、生活上腐化"[1]。通过这一形象而生动的比喻，足以表明坚定理想信念的极端重要性，同时也给予我们以深刻的教育和启发。那就是，在新时代背景下，为了确保理想信念的考试合格，为了不得"软骨病"，必须"坚定理想信念的任务一刻也不能放松"，必须把"补精神之钙、固思想之元"[2]作为每一位党员干部的"必修课"。唯其如此，才能从根本上帮助党员干部扣好人生"第一粒扣子"、拧好理想信念的"总开关"，才能防止其走错路、走下坡路，才能使其经受住任何歪风邪气的考验，才能真正打牢思想之基和价值观之基。另一方面，"作风问题本质上是党性问题。对我们共产党人来讲，能不能解决好作风问题，是衡量对马克思主义信仰、对社会主义和共产主义信念、对党和人民忠诚的一把十分重要的尺子"[3]。因此，必须进一步深化党性修养教育，着力提升广大党员干部的党性修养，助力其养成良好的思想作风、生活作风、工作作风以及领导作风，进而从根本上推动作风问

① 《习近平关于协调推进"四个全面"战略布局论述摘编》，中央文献出版社 2015 年版，第 131 页。

② 《十八大以来重要文献选编》（下），中央文献出版社 2018 年版，第 743 页。

③ 《习近平谈治国理政》第二卷，外文出版社 2017 年版，第 165 页。

题的解决。

第二，紧抓作风建设的“关键少数”。“领导干部特别是高级干部作风如何，对党风政风乃至整个社会风气的走向具有重要影响”[①]，领导干部在党的作风建设中发挥着重要的带头示范作用和榜样引领作用。正所谓“上梁不正下梁歪”，作为作风建设的主力军，领导干部带头带得好，作风建设将取得事半功倍的成效；反之，如果领导干部不能身先士卒，而是作出错误示范，作风建设则必将事倍功半。由此可见，打好作风建设攻坚战、持久战，同样需要在领导干部这一“关键少数”上下足功夫、做足功课，需要各级领导班子、领导干部率先垂范、作出表率，积极做优良作风的弘扬者、践行者以及“绝大多数”的示范者、引领者，并且充分发挥其在倡新风、树正气中的“领头羊”作用、“头雁”作用。只有这样，才能通过抓好“关键少数”，进一步带动“绝大多数”，从而引导作风建设发挥正向效能，推动作风建设取得突破性进展，最终以高标准、严要求打造作风建设高地。

第三，营造风清气正的良好氛围。歪风邪气不仅是社会发展的“毒瘤”，更是作风建设路上的拦路虎和绊脚石。打好作风建设攻坚战、持久战，必须以狠刹歪风邪

① 《全面从严治党理论与实践研究》，人民出版社2016年版，第145页。

气为切入点，深入贯彻中央八项规定精神，彻底剜除有损党风、政风、社风、民风的“毒瘤”，坚定不移“祛歪风、压邪气，倡新风、树正气”[①]，从而使整个社会风气由乌烟瘴气向着风清气正迈进。当前，党内存在的作风问题“集中表现在形式主义、官僚主义、享乐主义和奢靡之风这‘四风’上”[②]。“舌尖上的浪费”“车轮上的铺张”“会所中的奢靡”“官场上的腐败”等拜金风、享乐风、浪费风、奢侈风皆是由“四风”问题衍生出来的不良之风，同时也是广大人民群众最痛恨、反映最强烈的突出问题。“奢靡之始，危亡之渐。”“四风”问题的危害已然可见，在作风建设进程中，必须坚决遏制“四风”的滋生蔓延，通过开展专项整治，“对作风之弊、行为之垢来一次大排查、大检修、大扫除”[③]，进而“对准焦距、找准穴位、抓住要害”[④]，有的放矢地促进“四风”问题的彻底解决，不断净化党内风气，营造风清气正的良好社会氛围。

第四，构建作风建设的长效机制。制度具有根本性、

---

① 《十八大以来重要文献选编》（上），中央文献出版社 2014 年版，第 327 页。

② 同上书，第 310 页。

③ 同上书，第 313 页。

④ 同上书，第 314 页。

全局性、长期性等特性，现阶段，打好作风建设攻坚战、持久战，最根本、最紧要的是筑牢作风建设的制度基石，构建作风建设的长效机制，通过制度的权威性和稳定性来推动作风建设的规范化、法制化、长效化。习近平总书记明确指出："许多问题，看起来是风气问题，往深处剖析又往往是体制机制问题。"[①] 这进一步表明，作风问题的根子是体制机制问题，科学的规章制度是作风建设的"助推器"，要通过建章立制，把作风建设纳入到制度化的轨道上来，充分发挥制度在作风建设中的约束作用和规范作用。具体来讲，在健全作风建设的制度体系这一向度，可以从以下几方面着手：其一，完善作风建设的教育培训制度，让广大党员干部从思想上认识到作风问题的严重性、危害性以及作风建设的必要性、迫切性，从而做好打持久战的思想准备；其二，健全作风建设的监督管理制度，通过社会、群众以及舆论的全方位监督，让不正之风无处可藏；其三，强化作风建设的执纪问责制度，以失责必问、问责必严的态度推动责任落实，倒逼作风建设持续向好；其四，规范作风建设的考核评价制度，建立完备的作风考核评价体系，旨在通过"以评促改"，着力提升党员干部

① 《习近平关于党风廉政建设和反腐败斗争论述摘编》，中央文献出版社、中国方正出版社 2015 年版，第 86 页。

的作风水平。此外，“制度的生命力在于执行”[①]，必须确保制定出来的这些关乎作风建设走向的制度真正落到实处，尽可能地发挥制度在解决作风问题上的积极效能。

第五，确保作风建设常抓不懈。从以往作风建设的经验来看，“作风问题往往抓一抓就好一些，放一放就松下来，存在一个很难走出来的怪圈”[②]。针对这一现状，以习近平同志为核心的党中央给出明确态度，那就是“作风建设永远在路上，永远没有休止符，必须抓常、抓细、抓长，持续努力、久久为功”[③]。换句话说，作风问题的顽固性和反复性决定了作风建设既不是一朝一夕就能完成的事情，也不是一劳永逸就能实现的目标，我们必须明确作风建设只有进行时、没有完成时，“活动收尾绝不是作风建设收场”[④],“一阵风”式的突击做法以及毕其功于一役的懒惰思想在作风建设上完全行不通。唯有做好打持久战的准备，拿出滴水穿石的韧劲、驰而不息的毅力和攻坚克难的决心，一丝一毫都不能放松、一时一刻也不能停顿，才能

---

① 《习近平新时代中国特色社会主义思想学习纲要》，学习出版社、人民出版社 2019 年版，第 175 页。

② 《习近平关于全面从严治党论述摘编》，中央文献出版社 2016 年版，第 161 页。

③ 《十八大以来重要文献选编》(中)，中央文献出版社 2016 年版，第 99 页。

④ 同上书，第 91 页。

将作风之弊“连根拔起”，才能切实防止作风问题的回潮反弹、防止其树死根存，从而促进作风建设的常态化，推动党风、政风、社风持续向好。

第十个问题

为什么从严治党是一个永恒课题？

2015 年 5 月 25 日至 27 日，习近平总书记到浙江开展实地调研，考察期间，在谈到管党治党问题时，他明确指出："从严治党是一个永恒课题，党要管党丝毫不能松懈，从严治党一刻不能放松。"[①]可以看到，党的十八大以来，以习近平同志为核心的党中央十分重视从严治党在加强党的建设中发挥的重要作用和占据的重要地位，其不仅将全面从严治党纳入"四个全面"战略布局，而且将其作为治国理政的核心内容和主攻方向，围绕从严治党提出了一系列前所未有的新思想、新论断、新观点、新要求，开展了一系列前所未有的从严治党实践教育活动，从而把党的建设新的伟大工程不断推向前进，管党治党水平再创历史新高。

---

① 《中国共产党党内法规制度建设年度报告（2016）》，人民出版社 2017 年版，第 119 页。

毫无疑义，我们党在从严治党方面所取得的成效既是引人瞩目的，也是前所未有的，其不只奏出了管党治党的时代最强音，描绘了管党治党的生动画卷，最重要的是开启了中国共产党百年光辉史上管党治党的全新篇章。这里需要特别强调的是，这一新篇章的开启，绝不意味着管党治党任务的结束，更不意味着在管党治党问题上可以歇歇脚、松口气，而是告诫我们，管党治党只有起点、没有终点，在管党治党问题上，必须“丝毫不能松懈”“一刻不能放松”[①]，必须把从严治党作为一个永恒课题予以推进。而党中央之所以将“从严治党”视为一个永恒课题，必然是站在全局发展的高度，同时也必然有其更深层次的意图。正如马克思、恩格斯所言：“一切划时代的体系的真正的内容都是由于产生这些体系的那个时期的需要而形成起来的。”[②]那么，党中央到底是基于哪些考量而提出“从严治党是一个永恒课题”这一论断的呢？可以从以下方面来理解。

第一，永葆党的先进性和纯洁性的必然要求。“先进性和纯洁性是马克思主义政党的本质属性”[③]，“保持、发展

① 《“四个全面”学习读本》，人民出版社 2015 年版，第 251 页。

② 《马克思恩格斯全集》第三卷，人民出版社 1960 年版，第 544 页。

③ 《十八大以来重要文献选编》（下），中央文献出版社 2018 年版，第 355 页。

先进性和纯洁性始终是马克思主义政党根本的思想政治任务，关系党的生死存亡和前途命运”[①]。任何一个政党，无论曾经多么辉煌、取得多么大的成就，一旦丧失了先进性和纯洁性，其必然是没有前途的，并且必然会走向灭亡。历史上，东欧剧变以及苏联解体的悲剧很好地验证了这一点。对于一个拥有 9500 多万名党员，480 多万个基层党组织的世界第一大执政党——中国共产党而言，保持党的先进性和纯洁性尤为必要。而要保持党的先进性和纯洁性，首先就要从管党治党入手，就要把从严治党作为一个永恒课题予以重视并积极推进。毕竟，“中国要出问题，还是出在共产党内部”[②]，“党要管党，才能管好党；从严治党，才能治好党”[③]，才能将共产党内部的问题搞好，才能彻底“消除一切损害党的先进性和纯洁性的因素，清除一切侵蚀党的健康肌体的病毒”[④]，并以“刮骨疗毒”“猛药去疴”之势，进一步增强其抵御风险、经受考验以及拒腐防变的能力，从而使党的先锋引领与战斗堡垒作用愈加凸显，党的生机与活力与日俱增，且不断焕发出更加旺盛的生命

① 《新时代的理论思考》(上)，人民出版社 2019 年版，第 442 页。

② 《邓小平理论基本问题》，中共中央党校出版社 2002 年版，第 422 页。

③ 《十八大以来重要文献选编》(上)，中央文献出版社 2014 年版，第 349 页。

④ 《习近平谈治国理政》第三卷，外文出版社 2020 年版，第 13 页。

力，释放出更加强大的战斗力，确保中国共产党始终走在世界先进政党前列。

第二，推进国家治理体系和治理能力现代化的现实需要。“推进国家治理体系和治理能力现代化，是关系党和国家事业兴旺发达、国家长治久安、人民幸福安康的重大问题。”① 因此，在全面建设社会主义现代化强国的今天，必须把着力提升国家治理体系和治理能力现代化水平作为一项重要的任务来抓。而在国家治理体系和治理能力现代化建设的进程中，中国共产党是起决定性作用的关键要素和核心力量。纵观新中国历史，无论是在社会主义革命和建设时期，还是在改革开放和社会主义现代化建设时期，抑或是在当下的新发展阶段，中国共产党的领导始终贯穿治国理政的各个环节、各个领域，是我们治国理政的根本。可以说，中国共产党作为执政党，其领导水平和执政水平直接决定着整个国家的治理水平以及治理进程。这就告诉我们，实现国家治理体系和治理能力现代化，一方面，必须矢志不渝坚持党的领导，充分发挥党在推进国家治理体系和治理能力现代化中的坚强领导核心作用；另一方面，必须进一步加大全面从严治党力度，明确治党与治国二者之间的内在一致性以及党肩负的治国理政责任，持

① 《习近平谈治国理政》第三卷，外文出版社 2020 年版，第 118 页。

之以恒为国家治理体系和治理能力现代化的完善提供政治保证、注入发展动能。总之，实现国家治理体系和治理能力现代化是一个长期过程，在这一过程中，唯有把从严治党作为一个永恒课题，一步一个脚印，稳步提升党处理各种问题、解决各种矛盾、应对各种挑战的综合能力，才能助力国家治理体系和治理能力现代化的早日实现，从而向着更高水平迈进。

第三，坚持和发展中国特色社会主义的根本保证。“党的领导是中国特色社会主义的最大特色、最本质特征”[①]，“是实现经济社会持续健康发展的根本政治保证”[②]，“实现奋斗目标、完成历史使命，关键在党”[③]。这是以习近平同志为核心的党中央对党的领导的新时代定调，其充分肯定了中国共产党在实现国家富强、民族复兴、社会发展以及人民幸福中的领导核心作用，并且正面回应了党的领导之于坚持和发展中国特色社会主义的不可或缺性。尤其是随着中国特色社会主义进入新时代，我国发展迈入一个崭新的历史阶段，党和国家在政治、经济、社会、文化等各个领域、各个方面发生的显著变化，都对党的领导水平和

① 《十八大以来重要文献选编》(中)，中央文献出版社 2016 年版，第 760 页。

② 同上书，第 790 页。

③ 同上书，第 760 页。

执政能力提出新的更高要求；中国特色社会主义理论、制度、文化以及道路的更进一步发展，同样迫切需要把我们的党建设好，需要其肩负起夺取中国特色社会主义新的更大胜利的历史使命。唯有全面落实从严治党，并将从严治党作为一项永恒课题，才能从根本上巩固已取得的社会主义理论和实践成果，才能为中国特色社会主义事业的持续健康发展提供源源不断的后备力量，才能确保第二个百年奋斗目标的顺利实现。而这也是党的十九大将“坚持全面从严治党”作为新时代坚持和发展中国特色社会主义的基本方略的原因所在。

第四，从容应对各种风险和挑战的时代呼唤。从国内形势来看，当前，我国已正式踏上实现第二个百年奋斗目标的新的赶考之路，中华民族正处于走向伟大复兴的关键时期，在这一重要历史发展时期，“改革进入深水区，经济发展进入新常态，各种矛盾叠加，风险隐患集聚”[①]，加之社会主要矛盾发生根本性转变，人民群众的利益诉求愈加多样化，发展的不平衡不充分更加凸显，新情况、新问题层出不穷，“四大考验”“四大危险”“四个不纯”仍长期存在且亟待解决。发展环境的复杂性以及发展过程的不

① 《十八大以来重要文献选编》(下)，中央文献出版社 2018 年版，第 454 页。

确定性大大增加了我们党执政的难度系数，同时也为其执政能力的提升带来了重重阻力；从国际形势来看，"当今世界，国际力量对比发生新的变化，世界经济进入深度调整，我国发展面临的国际环境更加复杂严峻"[①]。面对如此纷繁复杂的国内外形势，唯有通过全面推进从严治党，不断夯实党的执政根基、巩固党的执政地位，把我们的党建设得更加坚强有力，确保其成为"经得起各种风浪考验、朝气蓬勃的马克思主义执政党"[②]，才能从容不迫地应对内部环境和外部环境发出的重大挑战和重大考验，才能尽可能地清除前进道路上的"拦路虎""绊脚石"，也才能为国家的长治久安和社会的稳定发展提供强有力的安全屏障。

第五，丰富和发展马克思主义建党学说的重要举措。众所周知，中国共产党自成立以来就是一个马克思主义政党。回溯党的百年发展历程，在马克思主义建党学说的指引下，中国共产党由弱到强、由小及大，逐步走向成熟，并且逐步成为世界第一大马克思主义执政党。可以说，中国共产党的发展、壮大，充分验证了马克思主义建党学说的科学性和真理性，从而使马克思主义建党学说在中国这

① 《十八大以来重要文献选编》(下)，中央文献出版社 2018 年版，第 454 页。

② 习近平：《在纪念马克思诞辰 200 周年大会上的讲话》，人民出版社 2018 年版，第 23 页。

样一个东方大国焕发出无限耀眼的光芒。当然，我们也要知道，马克思主义建党学说“不是教义，而是方法。它提供的不是现成的教条，而是进一步研究的出发点和供这种研究使用的方法”[①]。在百年实践探索进程中，中国共产党正是在遵循马克思主义建党学说的科学理论的基础上，不断将这一学说与我国的具体实际相结合，从而创立了马克思主义中国化的党建理论，实现了马克思主义建党学说的创新发展。中国共产党一直以来都是一个与时俱进的政党，开拓创新是中国共产党的本质属性。其中，全面从严治党就是我们党在新时代大背景下的智慧结晶，同时也是马克思主义中国化政党理论的最新成果，其不仅进一步丰富、发展以及优化了马克思主义的建党学说，而且为这一学说注入了新的内涵，从而把党的建设推向一个更高阶段，把马克思主义的建党学说提升至一个全新境界。

① 《马克思恩格斯全集》第三十九卷，人民出版社1974年版，第405页。

第十一个问题

如何坚定不移坚持党要管党、全面从严治党？

中国共产党作为一个在有着 14 亿多人口的大国长期执政的党，党的建设关系重大、牵动全局。尤其是在发展环境和发展阶段发生深刻变化的今天，深入推进党的建设新的伟大工程更是刻不容缓，其可以说是新时代大背景下实现伟大梦想、发展伟大事业、进行伟大斗争的大前提，也可以说是把我们党淬炼为时代先锋、民族脊梁的先决条件。而推进党的建设伟大工程，首先要做的就是要坚定不移坚持党要管党、全面从严治党，全力以赴将全面从严治党这一党和国家的重要战略部署向纵深推进，确保百年大党永葆生机与活力。

具体来讲，坚定不移坚持党要管党、全面从严治党，需要从以下几方面着手。

第一，坚持党的全面领导。“全面从严治党，核心是加强党的领导”[①]，“坚持党中央集中统一领导，确立和维护党的领导核心是全党全国各族人民的共同愿望，是推进全面从严治党、提高党的创造力凝聚力战斗力的迫切要求”[②]。这就告诉我们，党的坚强领导是推进全面从严治党的最坚实靠山，是党要管党、全面从严治党取得阶段性胜利的根本保证。因此，坚定不移坚持党要管党、全面从严治党，首先要做的是始终不渝坚持党的领导地位不动摇，切实增强“四个意识”、坚定“四个自信”、做到“两个维护”，充分发挥党的领导在全面从严治党过程中的主心骨和主力军作用，确保党的领导贯穿从严治党全过程，并在此基础上进一步明确管党治党方向，制定科学、完备的管党治党方针，出台务实、有效的管党治党政策，循序渐进将全面从严治党落到实处，竭尽所能为全面从严治党的顺利推进提供全方位的保驾护航，构筑坚实稳固的政治屏障，进而为新时代党的建设工作指明新目标、打开新局面、拓展新思路、谋取新发展、成就新未来。

第二，强化党的思想建设。思想是行动的先导，“思

---

① 《习近平关于全面从严治党论述摘编》，中央文献出版社2016年版，第9页。

② 《十八大以来重要文献选编》(下)，中央文献出版社 2018 年版，第411—412 页。

想上松一寸，行动上就会散一尺”[①]。坚定不移坚持党要管党、全面从严治党，就必须以习近平新时代中国特色社会主义思想为依托，坚持从思想治党入手，着力加强党的思想建设，夯实党的思想基础，不断提高党员干部的政治觉悟、理论水平、思想认识以及道德修养，使党员干部通过主观世界的自我革新、自我净化、自我完善，拧紧思想“总开关”，谨防思想上的滑坡、信仰上的缺失、理想上的淡化，自觉抵制各种错误思想、腐朽思想以及落后思想的侵蚀，增强抵御“四大考验”、化解“四大危险”的能力，妥善处理公与私、是与非、义与利、得与失等之间的关系，帮助其树立正确的世界观、人生观、价值观，永葆共产党人的初心本色。除此之外，努力建设积极、健康、正向的党内文化，并通过理论学习、教育实践等形式牢固党的精神支撑，确保全党在管党治党问题上的意志统一、步调一致，进而以更为广阔的视野、更为长远的眼光推动全面从严治党取得新进展。

第三，引领党的作风转变。党的作风问题“绝对不是小事，如果不坚决纠正不良风气，任其发展下去，就会像一座无形的墙把我们党和人民群众隔开，我们党就会失去

① 《十八大以来重要文献选编》（中），中央文献出版社2016年版，第95页。

根基、失去血脉、失去力量”[①]。当前，经过党和国家的共同努力，“四风”问题有了很大程度的改善，尤其是在大面上更是有所收敛，然而由于党内存在的一些不良之风积习甚深，很难令其彻底绝迹，往往作风建设稍有松懈，不正之风就会卷土重来、死灰复燃。针对这一状况，坚定不移坚持党要管党、全面从严治党，就必须严把党员干部作风关，开启全党改进作风的良好势头，明确作风建设的长期性和作风问题的反复性，避免走过场、“一阵风”式的作风整改，着力解决那些过去想解决而没能解决的作风问题，持之以恒推进党的作风建设，从根本上扭转党内长期存在的不良之风、不正之气，坚决防止作风问题回潮、反弹，引领党的作风朝积极、正向的方向转变，为全面从严治党把好作风关。

第四，夯实党的组织基础。2018 年 7 月 3 日，习近平总书记在全国组织工作会议上的讲话中指出：“‘欲筑室者，先治其基。’基层党组织是党执政大厦的地基，地基固则大厦坚，地基松则大厦倾。”[②] 习近平总书记的这一论述告诫我们，党的组织是党在长期执政过程中最为坚实的

① 《习近平关于全面从严治党论述摘编》，中央文献出版社2016年版，第148 页。

② 习近平：《在全国组织工作会议上的讲话》，人民出版社2018年版，第13 页。

后备力量，是党的肌体的“神经末梢”，坚定不移坚持党要管党、从严治党，就必须加强党的组织尤其是基层党组织建设，进一步夯实党的组织基础，充分发挥党组织的战斗堡垒作用，切实解决基层党组织存在的弱化、虚化和边缘化等问题以及人才队伍的发展不平衡不充分和引才不实际等问题，尽可能地规避基层党组织存在的“中梗阻”现象。而夯实党的组织基础，一方面，要从干部队伍这一“关键少数”着手，领导干部是各级党组织的“形象代言人”，因此，必须把从严治党的重点放在从严治吏以及管好干部上；另一方面，完善党的组织体系，优化党的组织设置，提升党的组织能力，为管党治党工作的顺利开展打造强有力的组织壁垒。

第五，严明党的纪律规矩。纪律建设是全面从严治党的治本之策，“党要管党、从严治党，靠什么管，凭什么治？就靠严明纪律”[①]。党纪严于国法，如果党的纪律不严、规矩不明，那么全面从严治党就无从谈起，党的建设这一伟大工程更是不可能推进。建党百年来，我们党正是因为始终不渝地秉持纪律严明的光荣传统，才得以翻越一座又一座高山、取得一个又一个胜利、成就一番又一番伟业，

① 《十八大以来重要文献选编》(上)，中央文献出版社 2014 年版，第 764 页。

才能历经百年沧桑而仍充满生机与活力。由此，在当前形势尤为复杂、任务愈加艰巨的大环境下，必须继续严明党的纪律规矩，加强党的纪律建设，强化党员干部的纪律意识，把纪律和规矩挺在党要管党、全面从严治党的前面，“让纪律成为管党治党的尺子、不可逾越的底线”[①]，以铁一般的党规党纪助力全面从严治党的有效落实。而严明党的纪律规矩，主要应从严明党的政治纪律以及组织、工作、群众、生活、廉洁等纪律着手。其中，政治纪律在整个纪律体系中占据着最为重要、最为关键的地位，必须把严明和遵守党的政治纪律放在首位。

第六，完善党的制度体系。制度建设在党的建设和管党治党工作中占据着十分重要的地位，发挥着根本性作用。“党要管党、从严治党，必须有坚强的制度作保证”，全面从严治党，必须“全方位扎紧制度笼子，更多用制度治党、管权、治吏”[②]。由此可见，从长远来看，完善党的制度体系、加强党的制度建设是全面从严治党的明智之举和正确选择。过去，我们党也曾多次提及从严治党，但由于缺乏相应配套制度的支持和保障，从严治党最终只是

① 《十八大以来重要文献选编》(下)，中央文献出版社 2018 年版，第 142 页。

② 《习近平总书记系列重要讲话读本》，学习出版社、人民出版社2016年版，第 116 页。

流于形式，尚未形成明显的管党治党高压态势。而在新时代的今天，党中央全面从严治党的决心之大、态度之坚决是前所未有的，力度之强也是前所未有的，这“两个前所未有”决定了全面从严治党任务的艰巨性以及加强党的制度建设的紧迫性。而加强党的制度建设，首先要做的就是进一步完善党的制度体系，更加突出制度的系统性、针对性、指导性。如建立健全党内政治生活制度、党的监督执纪制度、干部选拔任用制度以及全面从严治党责任制度等等。当然，要想充分发挥这些制度的效能，还要确保制度的落实、执行。

第七，加大党的反腐力度。众所周知，“我们党作为执政党，面临的最大威胁就是腐败”①。腐败现象最受人民群众痛恨，腐败问题如果得不到妥善解决或者说得不到根治，必将严重损害党的形象、降低党的威信、削弱党的公信力和号召力，甚至严重疏离党和人民群众之间的血肉联系，动摇党的执政根基。有鉴于此，坚定不移坚持党要管党、全面从严治党，必须切实加强党风廉政建设，不断加大反腐倡廉力度，始终保持反腐高压态势，真正做到有案必查、有腐必惩，而且是严查、严惩，并以零容忍的态

① 《十八大以来重要文献选编》（下），中央文献出版社 2018 年版，第 356 页。

度、无禁区的勇气、全覆盖的决心与腐败现象斗争到底，真正做到“老虎”“苍蝇”一起打，下最大力气、在最大限度上遏制腐败的滋生蔓延，多举措构建“不敢腐、不能腐、不想腐”的长效机制，进而让冥顽不化的腐败分子无处可躲、无处可藏，从根本上清除腐败这一社会“毒瘤”，为夺取全面从严治党的新胜利作出应有的贡献。

第十二个问题

为什么同自然灾害抗争是人类生存发展的永恒课题？

2016年7月28日，在唐山抗震救灾以及新唐山建设40周年之际，习近平总书记来到河北省唐山市进行考察、调研，并就推进经济社会持续健康发展、加强防灾减灾救灾能力建设等发表一系列重要讲话，明确指出："同自然灾害抗争是人类生存发展的永恒课题。"[①] 通过习近平总书记这一简明扼要的论述，我们可以知道，自然灾害与人类社会是共生、共存的，自然灾害既不可能无声无息地自然消亡，也不可能在人为因素的干预下杜绝。古今中外，各种自然灾害可以说是贯穿各个时期、各个阶段，遍布各个国家、各个地区。自然灾害的频发性和不可避免性决定了

① 《习近平在河北唐山市考察》，新华网，2016年7月28日，http://www.xinhuanet.com/politics/2016-07/28/c_1119299678.htm。

同自然灾害抗争的任务十分艰巨、过程十分复杂，告诫人们必须作好同自然灾害抗争的长期准备。

具体来讲，以习近平同志为核心的党中央之所以把同自然灾害抗争作为人类生存发展的永恒课题，主要是基于以下几方面的考虑。

第一，自然灾害发生频率增加。中国作为世界上受自然灾害影响最严重的国家之一，一部中华民族发展奋斗史也是一部中华民族抗灾救灾史。幅员辽阔的地域、复杂多样的气候、起伏较大的地势以及极为特殊的地理环境决定了“灾害种类多，分布地域广，发生频率高，造成损失重”[①]是我国一直以来的基本国情。可以说，新中国成立以来，我国发生过的洪灾、旱灾、冻灾、雪灾、风灾、虫灾、海啸、沙尘暴、山体滑坡、地震、泥石流等各类自然灾害事件不计其数，因灾受难人数同样不计其数，全党和全国各族人民同自然灾害的抗争更是从未停息过。从社会主义革命和建设时期的淮河大水（1950年）、长江大水（1954年）、象山台风（1956年）、松花江大水（1957年）、黄河大水（1958年）、邢台地震（1966年）、通海地震（1970年）、海城地震（1975年）、唐山大地震（1976

① 《“十三五”国家级专项规划汇编》（下），人民出版社2017年版，第906页。

年），到改革开放和社会主义现代化建设新时期的大兴安岭火灾（1987 年），淮河流域特大洪涝灾害（1991 年），台风“温妮”（1997 年），长江、松花江以及嫩江特大洪涝灾害（1998 年），淮河和渭河流域洪涝灾害（2003 年），超强台风“桑美”和强烈热带风暴“碧利斯”（2006 年），南方低温雨雪冰冻灾害和汶川大地震（2008 年），西南特大干旱和青海玉树大地震（2010 年），再到党的十八大以来的四川宁南“6・28”特大泥石流灾害（2012 年），“苏拉”“达维”双台风（2012 年），“威马逊”超强台风灾害、云南鲁甸 6.5 级地震（2014），“4・25”西藏地震灾害、“7・3”新疆皮山 6.5 级地震灾害（2015 年），江苏盐城龙卷风冰雹特别重大灾害、福建泰宁县重大泥石流灾害（2016 年），四川茂县“6・24”特大山体滑坡灾害、西南及广西等地严重洪涝灾害、四川九寨沟 7.0 级地震（2017 年），台风“山竹”（2018 年），台风“利奇马”、四川凉山森林火灾（2019 年），台风“黑格比”、长江流域特大暴雨洪涝、新疆伽师 6.4 级地震、华北西北低温冷冻灾害（2020 年），河南特大暴雨灾害、陕西及山西暴雨洪涝灾害、青海玛多 7.4 级地震、台风“烟花”、东北华北局地雪灾（2021 年），等等，我国自然灾害的发生频率逐年递升，气象灾害、地质灾害、森林火灾、海洋灾害、地震灾害给人类的生存和发展带来严重威胁和严峻挑战。面对这种境况，我们必须高度重视，作好同自然灾害持久抗争的准备。

第二，生态正义问题日益凸显。“生态环境是关系党的使命宗旨的重大政治问题，也是关系民生的重大社会问题。”① 一直以来，我们国家都非常重视对生态环境的保护与对自然资源的合理开发利用。党的十八大以来，党中央更是把生态文明建设作为一项重要内容纳入“五位一体”总体布局之中。然而近年来，与经济建设取得的重大进展及历史性成就相比，我国生态环境状况虽有了很大程度的改善，但总体形势依然十分严峻，并日益成为我国经济社会发展不容忽视的明显短板以及人民群众反映强烈的突出问题。而随着生态危机的日渐凸显，社会公平正义问题也在不经意间拓展到生态领域，从而使生态正义正式进入人们的视野，成为当代社会中的一个讨论热点。生态环境问题与公平正义看似是两条毫不相交的平行线，实质上却与公平正义息息相关，尤其是在生态环境的享有权利以及责任分担方面均涉及公平正义的问题。如从生态环境的享有权利角度看，一些地区为了实现经济的快速增长，违背自然界发展的客观规律，肆意开发自然资源，使“削山造城”“违规瘦身”“沙漠污染”等现象成为常态，严重破

① 《习近平谈治国理政》第三卷，外文出版社 2020 年版，第 359 页。

坏了生态环境、生态平衡。这类事件的发生侵犯了人民平等享有改造、利用、保护生态环境的权利，人民反而还要承担由环境恶化带来的沉重代价。从生态环境的责任分担角度看，城乡之间、发达地区与落后地区之间存在非常明显的责任分担不公现象，有些地区、有些企业一味追求眼前的经济利益，不仅无视“谁污染谁治理”的原则，而且一再逃避环境污染的治理责任、补偿责任，有的甚至把重污染的企业转移至一些偏远的落后地区。这些不负责的行为加剧了生态环境的治理难度以及各种重大自然灾害事件的发生。此外，从长远角度看，人们对自然资源无节制地开发利用，是对子孙后代可享用的自然资源的抢占，严重剥夺了其参与资源分配的权利，加大了未来自然灾害发生的可能性，这对于子孙后代而言是极不公平的。总之，生态恶化、生态破坏、生态不公等问题的出现极大地挑战着人类文明的发展与延续，使得自然灾害日益频繁和恶劣，同时也在很大程度上加大了人类同自然灾害抗争的难度系数。

第三，人与自然关系愈加紧张。恩格斯在其著作《自然辩证法》中曾明确指出：“我们不要过分陶醉于我们人类对自然界的胜利。对于每一次这样的胜利，自然界都对我们进行报复。每一次胜利，起初确实取得了我们预期的结果，但是往后和再往后却发生完全不同的、出乎预料的影响，常常把最初的结果又消除了。”[①] 恩格斯的这一段话充分表明，“人因自然而生，人与自然是一种共生关系，对自然的伤害最终会伤及人类自身”[②]，会对人类的生存与发展带来毁灭性的重击。大自然是善良的慈母，同时也是冷酷的屠夫。近年来，逐年攀增的各类重大自然灾害事件，实际上是大自然向人类发出的严重警告，是人类无节制、无底线地征服自然、利用自然、掠夺自然以及违背大自然客观发展规律而导致的恶果，因而人类也只能被动地承受来自大自然的报复，不断地遭受一连串自然灾害的袭击。一言以蔽之，正是因为人类在对待自然问题上缺乏敬畏之心、尊重之意，才加速了人与自然之间关系的恶化，使得人与自然之间由和谐共生关系演变为矛盾对立关系。如果人类对待大自然的态度始终如此，这种矛盾对立关系必然呈愈演愈烈趋势，最终受损、遭殃的还是人类自己。总之，人与自然关系的异化不仅打破了二者之间长久以来保持的平衡状态，而且引发了一系列危害性极强的自然灾害事件，加大了人类同自然灾害抗争的难度，给人类的未

① 恩格斯:《自然辩证法》，人民出版社 1955 年版，第 145 页。

② 《十八大以来重要文献选编》(下)，中央文献出版社 2018 年版，第 164 页。

来发展增添了诸多不稳定性和不确定性因素。毕竟，人是靠自然界生活的，人类生存和发展所需要的一切生产生活资料均来自大自然的馈赠，离开了大自然的恩赐，人类是没有希望、没有未来的。从这一层面来看，就不难理解习近平总书记所强调的“同自然灾害抗争是人类生存发展的永恒课题”了。

第四，持续健康发展更为迫切。回顾历史上发生过的各种类型的自然灾害事件，我们可以发现，自然灾害的危害性影响十分广泛，不仅会造成生命的伤亡、社会的动荡、财产的损失、瘟疫的暴发，而且还会导致财政支出的增加、资源和环境的破坏、生产和生活秩序的混乱、经济发展速度的减缓，等等。由此可见，自然灾害对人民群众的生命财产安全以及经济社会的持续健康发展带来的麻烦和冲击是深远而持久的，是很难通过人为力量弥补回来的。为了将自然灾害造成的影响和危害降至最低，抑或是尽可能地减少自然灾害的发生频率，就必须更加注重经济社会的良性运转和健康发展，就必须从片面追求经济的“高速度”发展中彻底跳出来，更加强调其持续、健康发展之意。否则，自然灾害事件给经济社会发展带来的负面影响将是不可避免的，人类同自然灾害的抗争也必然以失败收场。党的十八大以来，以习近平同志为核心的党中央依托我国的现实国情和发展实际，明确提出“实现更高质量、更有效率、更加公平、更可持续的发展”[①]目标，并围绕这一发展目标进行了全方位的前瞻部署，出台了一系列的方针政策。毫无疑义，党中央作出的这一重大战略抉择，充分展示了其高超的政治智慧及宏阔的战略格局，同时也从侧面表明现阶段我国持续、健康以及高质量发展的必要性和紧迫性。正是因为这一点，我们更需要将同自然灾害抗争作为一个永恒课题，这既是应对自然灾害事件的一种态度，也是实现经济社会持续健康发展的大逻辑。

① 《十八大以来重要文献选编》(中)，中央文献出版社 2016 年版，第 828 页。

第十三个问题

抓好同自然灾害抗争这一永恒课题对党员干部提出了什么要求?

2013年5月21日至23日，习近平总书记在芦山地震灾区慰问、考察时特别强调，大灾大难是检验党组织和党员干部的时候，也是锻炼提高党组织和党员干部的时候。[①]新中国成立70余年来，在政府和社会各界的共同努力下，我国的防灾减灾救灾体系日臻完善、防灾减灾救灾经验愈加丰富、防灾减灾救灾能力不断提升、防灾减灾救灾事业稳步前进并取得了举世瞩目的成就。当然，这样讲并不是说我国已经杜绝了自然灾害的侵袭、已经没有了防灾减灾的必要，实际上，就当前现状而言，我国自然灾害事件的发生频率仍居高不下，防灾减灾救灾工作面临的形势仍十

---

① 《继续大力发扬伟大抗震救灾精神 妥善安置群众科学开展恢复重建》，《人民日报》2013年5月24日。

分严峻。因此，对党员干部来讲，仍要抓好同自然灾害抗争这一永恒课题，竭尽所能维护好广大人民群众的生命财产安全，确保经济社会的平稳有序发展。抓好同自然灾害抗争的永恒课题，对党员干部提出以下几点要求。

第一，妥善处理两对关系。抓好同自然灾害抗争的永恒课题，需要党员干部更加自觉地处理好人和自然的关系，正确处理防灾减灾救灾和经济社会发展的关系。一方面，前面我们提到，由于生态正义问题的日益凸显以及人与自然关系的愈加紧张，各类自然灾害的发生频率大大增加，人类的生产和生活深受其扰。由此，处理好人和自然的关系迫在眉睫。处理好人和自然的关系，首先要牢固树立人与自然的命运共同体意识，着力推进人与自然和谐共生，高度重视对生态环境的保护和自然资源的合理开发及利用，并在尊重自然规律、保护自然环境的基础上，在资源环境承载范围内，努力开创一条崭新的人与自然互利共生、协同进化的美好生存和发展道路，最终使人形成健康、绿色的与生态文明相契合的生态人格、生态道德、价值观念以及生活方式，真正实现人与自然界之间的“和解”，实现由“雾霾中国”到“美丽中国”的历史性转变。其次要树立“绿水青山就是金山银山”的强烈意识。从长远来看，绿水青山不仅是自然财富，而且潜藏着巨大的经济财富和社会财富，因此，要“让绿水青山充分发挥经济社会效益，不是要把它破坏了，而是要把它保护得更好”[①]，扎实推进经济生态化，进而“为子孙后代留下天蓝、地绿、水清的生产生活环境”[②]，为后人能够更好地“乘凉”而多多“种树”。再次要清醒认识到“生态环境问题归根结底是发展方式和生活方式问题”[③]，要从根本上解决生态环境问题，必须大力倡导绿色发展理念，坚决摒弃以牺牲环境为代价去换取一时利益的传统经济发展模式，推动形成绿色发展方式以及生活方式。最后要牢固树立生态环境保护的大局观、长远观、整体观，妥善处理长远发展与短期利益之间的关系，尽可能多地“给自然生态留下休养生息的时间和空间”[④]，进而为人类社会打造永续发展的空间。另一方面，正确处理防灾减灾救灾和经济社会发展的关系。“防灾减灾救灾事关人民生命财产安全，事关社会和谐稳定。”[⑤]因此，必须把防灾减灾救灾事业提

① 《习近平关于社会主义生态文明建设论述摘编》，中央文献出版社 2017 年版，第 23 页。

② 《习近平谈治国理政》第一卷，外文出版社 2018 年版，第 211 页。

③ 《习近平谈治国理政》第三卷，外文出版社 2020 年版，第 361 页。

④ 《习近平新时代中国特色社会主义思想学习纲要》，学习出版社、人民出版社 2019 年版，第 171 页。

⑤ 《习近平关于总体国家安全观论述摘编》，中央文献出版社 2018 年版，第 149 页。

升到与经济社会发展同等重要的高度予以重视，通过加强宣传教育、发展科学技术、健全体制机制等手段，进一步普及防灾减灾救灾知识、着力提高防灾减灾救灾水平、全面提升防灾减灾救灾能力，从而为经济社会的持续健康发展保驾护航。与此同时，要大力推进经济社会的良好有序发展，为防灾减灾救灾工作的开展提供坚实的物质保障。

第二，牢固树立两种理念。2017 年 10 月 28 日，习近平总书记在党的十九大报告中明确指出："树立安全发展理念，弘扬生命至上、安全第一的思想"，"坚决遏制重特大安全事故，提升防灾减灾救灾能力"[①]；2018 年 7 月 19 日，习近平总书记对防汛抢险救灾工作作出重要指示，特别强调："要牢固树立以人民为中心的思想，全力组织开展抢险救灾工作，最大限度减少人员伤亡，妥善安排好受灾群众生活，最大程度降低灾害损失。"[②] 通过近年来发生的自然灾害事件，我们可以看到，在自然灾害发生过程中，无论是生命安全还是财产安全，广大人民群众都是受损最严

① 习近平：《决胜全面建成小康社会 夺取新时代中国特色社会主义伟大胜利——在中国共产党第十九次全国代表大会上的报告》，人民出版社 2017 年版，第 49 页。

② 《防灾减灾救灾，习近平强调这几个要点》，半月谈，2018 年 12 月 24 日，http://www.banyuetan.org/dyp/detail/20181224/1000200033137441545614327443086742_1.html。

重的一方。因此，抓好同自然灾害抗争的永恒课题，需要党员干部牢固树立"以人民为中心"和"安全发展"的理念，始终坚持"生命至上、安全第一"的思想，并把"人民至上"的宗旨贯穿于防灾减灾救灾全过程，尽最大努力保障人民群众生命财产安全。实际上，作为我们党治国理政的核心理念，"以人民为中心"的发展理念和安全发展理念具有内在一致性，二者都把人民立场作为根本立场，把捍卫好人民群众的切身利益摆在至高无上的位置，把保护好人民群众的生命安全和财产安全作为全部工作的重中之重，时时刻刻想人民所想、急人民所急。在防灾减灾救灾过程中，党员干部唯有始终不渝秉持"生命至上、安全第一"的理念，并把这一理念落实到每一次行动、每一项工作中，竭尽所能做好受灾群众的保障工作，才能最大限度降低自然灾害对人民群众的负面影响，牢牢守住防灾减灾救灾工作的人民防线，切实增强人民群众的安全感。

第三，切实增强两个意识。抓好"同自然灾害抗争"的永恒课题，需要党员干部"进一步增强忧患意识、责任意识，坚持以防为主、防抗救相结合"①。古人云："生于忧患，死于安乐。"作为一个自然灾害种类繁多、发生频率

① 《落实责任完善体系整合资源统筹力量 全面提高国家综合防灾减灾救灾能力》,《人民日报》2016 年 7 月 29 日。

较高、灾情覆盖较广的国家，提前做好大灾、重灾、巨灾的应急准备、防范准备、预案准备、保障准备以及思想准备，是有效化解风险、抵御风险、应对挑战的有力支撑。众所周知，自然灾害具有不可预知性，并非对每一次自然灾害都能够提前精准预测出其发生的具体区域和具体时间。因此，全体党员干部都必须进一步增强忧患意识，切实做到居安思危，在自然灾害发生之前，努力做好各方面的应对和准备工作，真正做到未雨绸缪、防患于未然，全力打好自然灾害的预防战和阻击战。与此同时，党员干部还需要进一步增强责任意识。防灾减灾救灾与人民群众的切身利益和生命财产安全息息相关，在大灾大难面前，党员干部必须靠前指挥、深入一线、各司其职、勇于担当，层层压紧压实各方责任，确保责任到人、责任到位，坚决做到面对灾情不推诿、不扯皮、不退缩、不慌张，有条不紊地做好防灾减灾救灾工作。正如习近平总书记所言："对突出矛盾要有责任意识，主动去解决而不是回避推卸，努力做到发现在早、处置在小。对突发事件要临危不惧、沉着冷静、敢于负责，关键时刻要亲临现场、靠前指挥、果断处置。"[①] 对于在防灾减灾救灾工作中存在严重渎职失

① 《十八大以来重要文献选编》(中)，中央文献出版社 2016 年版，第 325 页。

责的党员干部，必须依法依规严肃追责问责，而对于在大灾大难面前主动担责、积极作为的党员干部，应予以重点提拔、任用。

第四，发挥先锋模范作用。抓好“同自然灾害抗争”的永恒课题，“各级党组织要充分发挥坚强领导作用，各级干部要充分发挥模范带头作用，广大共产党员要充分发挥先锋模范作用，在同重大自然灾害的斗争中经受住考验”①。新中国成立70余年的发展经验表明，任何一项事业的成功，都离不开共产党员和各级干部的不懈努力，离不开共产党员的先锋模范作用和各级干部的模范带头作用。对于我国的防灾减灾救灾事业而言，之所以取得如此重大的成效，其中一个很重要的因素，就是共产党员和各级干部在关键时刻能够冲得上去，在危难关头能够豁得出来，真正做到哪里有危险、哪里有困难、哪里有需要，哪里就有党员干部奋斗的身影，哪里就有党员干部冲锋陷阵的姿态。天灾无情，人间有爱。在自然灾害面前，党员干部要继续发扬伟大抗洪精神以及抗震救灾精神，继续传承党的光荣传统和优良作风，真正做到在大灾大难面前勇当先锋、敢打头阵，充分发挥各级党组织的战斗堡垒作用、

① 《习近平谈防灾减灾：从源头上防范 把问题解决在萌芽之时》，光明网，2020年5月11日，https://m.gmw.cn/2020-05/11/content_33820878.htm。

共产党员的先锋模范作用以及各级领导干部的模范带头作用，以大无畏的革命气魄将广大人民群众调动起来、组织起来，共同投身到同自然灾害抗争和防灾减灾救灾事业中来，与全国各族人民一道共御灾情、共克时艰，携手共建人类美好家园。

第五，努力培养五种能力。防灾减灾救灾是“衡量执政党领导力、检验政府执行力、评判国家动员力、体现民族凝聚力的一个重要方面”[①]，抓好“同自然灾害抗争”的永恒课题，需要党员干部全面提升防灾减灾救灾能力水平，努力培养有序、有效抵御各类自然灾害的精准研判力、统筹协调力、社会动员力、应急决策力以及舆论引导力等综合防范能力。其一，培养精准研判力。党员干部唯有对自然灾害的时空分布和变化规律作出精准研判，才能提前制定应对方案，才能在灾难来临之际保持从容不迫，进而积极救灾、科学施策。其二，培养统筹协调力。统筹协调力也可以说是资源整合力，面对自然灾害的突然袭击，党员干部必须做到在最短时间内整合各方资源、统筹各方力量，并对整合起来的力量和资源进行统一安排、统一协调、统一调度，确保各方力量和资源在关键时刻“找

① 《习近平关于总体国家安全观论述摘编》，中央文献出版社2018年版，第149页。

得到、调得快、用得上”。其三，培养社会动员力。防灾减灾救灾工作光靠党员干部是远远不够的，共产党员和各级干部要充分发挥其社会动员力，将广大人民群众充分动员起来，让更多的社会力量参与到“同自然灾害抗争”的队伍中来，齐心协力共同抵御各类风险与挑战。其四，培养应急决策力。在重大灾害发生之时，党员干部必须具备强大的应急决策能力，加强应急管理，确保灾情能够得到有效遏制和快速处置。其五，培养舆论引导力。在防灾减灾救灾过程中，党员干部必须树立正确的舆论导向，通过树立抗灾先进典型以及媒体的正向报道等方式，引导社会舆论朝积极方向发展。

第十四个问题

为什么党的政治建设是一个永恒课题？

2018 年 6 月 29 日，习近平总书记在主持十九届中央政治局第六次集体学习时强调指出，党的政治建设是一个永恒课题，来不得半点松懈。“政治问题，任何时候都是根本性的大问题。”[①] 作为一个政治性组织，“讲政治，是我们党补钙壮骨、强身健体的根本保证，是我们党培养自我革命勇气、增强自我净化能力、提高排毒杀菌政治免疫力的根本途径”[②]。把党的政治建设作为一个永恒课题，既是对马克思主义党建理论的重大创新，同时也有其一定的战略考量。我们可以从理论之维、历史之维和现实之维出

① 《习近平关于全面从严治党论述摘编》，中央文献出版社2016年版，第87 页。

② 《习近平关于“不忘初心、牢记使命”论述摘编》，党建读物出版社、中央文献出版社 2019 年版，第 107 页。

发，对党中央提出的"党的政治建设是一个永恒课题"这一论断进行系统分析。

第一，理论之维：旗帜鲜明讲政治是马克思主义政党的根本属性。2017 年 10 月 18 日，习近平总书记在党的十九大上明确指出："旗帜鲜明讲政治是我们党作为马克思主义政党的根本要求。党的政治建设是党的根本性建设，决定党的建设方向和效果。"[①]2020 年 12 月 24 日至 25 日，习近平总书记在十九届中央政治局民主生活会上的讲话中再次强调："旗帜鲜明讲政治，既是马克思主义政党的鲜明特征，也是我们党一以贯之的政治优势。党领导人民治国理政，最重要的就是坚持正确政治方向，始终保持我们党的政治本色。"[②] 那么，何谓旗帜鲜明讲政治？实际上，旗帜鲜明讲政治，就是在党的建设过程中，充分彰显党的政治属性、亮明党的政治观点、明确党的政治目标、肩负党的政治使命、坚守党的政治追求、把握党的政治大局，就是把党的政治建设作为党的根本性建设，并且摆在党的建设的首要位置，更加强调其对党的各项事业的

① 习近平：《决胜全面建成小康社会 夺取新时代中国特色社会主义伟大胜利——在中国共产党第十九次全国代表大会上的报告》，人民出版社 2017 年版，第 62 页。

② 习近平：《总结党的历史经验 加强党的政治建设》，《求是》2021 年第 16 期。

统领作用。这可以说是马克思主义政党区别于其他一切政党的最显著标识。

而作为马克思主义政党的缔造者，马克思恩格斯不仅十分重视党的政治建设，更是在一开始就把“旗帜鲜明讲政治”贯穿于自己的政党理论和政党实践中。这一点，在马克思恩格斯的经典著作《共产党宣言》中体现得尤为明显。作为无产阶级政党的第一个纲领性文献，《共产党宣言》不仅明确了共产党的根本性质，而且通过“向全世界公开说明自己的观点、自己的目的、自己的意图”[①]的方式对共产党的政治立场、政治目标以及政治信仰进行了全部说明，正是在这一政治纲领的正确引领下，无产阶级革命才得以取得胜利和成功。此外，恩格斯还将党的政治纲领视为“一面公开树立起来的旗帜”[②]，认为外界唯有通过这面“公开树立起来的旗帜”才能够精准判断党的根本性质。针对党的政治建设的必要性，列宁也特别指出：“一个阶级如果不从政治上正确地看问题，就不能维持它的统治。”[③]由此可见，旗帜鲜明讲政治既是马克思主义政党的根本属性，同时也是共产党人的立身

① 《马克思恩格斯文集》第二卷，人民出版社 2009 年版，第 30 页。

② 《马克思恩格斯文集》第三卷，人民出版社 2009 年版，第 415 页。

③ 《列宁全集》第四十卷，人民出版社 2017 年版，第 283 页。

之本和必备品格。作为一个以马克思主义为根本指导思想的百年大党，切实加强党的政治建设，不断巩固其作为马克思主义政党的政治属性，是我们党历经百年沧桑而不衰的根本所在，同时也是新时代统领“四个伟大”、凝聚磅礴之力的必经之路。而这也是以习近平同志为核心的党中央将“党的政治建设”作为永恒课题来推进的根本出发点。

第二，历史之维：注重政治建党是我们党的优良传统和宝贵经验。2018 年 6 月 29 日，习近平总书记在主持十九届中央政治局第六次集体学习时指出：“我们党历来注重从政治上建设党”，“注重从政治上建设党是我们党不断发展壮大、从胜利走向胜利的重要保证”①。回顾党的百年发展历程，我们不难发现，无论在哪一历史时期，我们党都十分重视加强党的政治建设，都把党的政治建设放在党的建设布局中的首要位置和统领地位，特别强调政治建党之于强党兴党的重要意义。早在新民主主义革命时期，先进的中国共产党人就已经开始意识到加强党的政治建设的重要性，并将政治建党作为党的建设的重要内容予以推进。如 1929 年 12 月，针对当时党内存在的一些错误思想，

① 《习近平谈治国理政》第三卷，外文出版社 2020 年版，第 91 页。

毛泽东指出："主要是教育党员使党员的思想和党内的生活都政治化，科学化。"[①]1939 年 10 月，毛泽东在《〈共产党人〉发刊词》一文中将党的建设视为一项"伟大的工程"，强调要着力建设一个"思想上政治上组织上完全巩固的、布尔什维克化的中国共产党"[②]，并在给抗大的题词中着重提出要"坚定正确的政治方向"[③]。1945年4月，党的七大重申党的建设"首先着重在思想上、政治上进行建设"[④]。在社会主义革命和建设时期，中国共产党人对党的政治建设的认识逐步加深，并且重视程度也逐步提升。如毛泽东先后提出"政治工作是一切经济工作的生命线"[⑤]，"没有正确的政治观点，就等于没有灵魂"[⑥]等论断，从而充分彰显了政治工作在党的全部工作中的不可或缺性。在改革开放和社会主义现代化建设新时期，虽然我们党刚刚经历了指导思想上的拨乱反正，但党的政治建设不仅没有被弱化，反而在不断加强、日益深化。如邓小平曾多次强调："到什么时候都得讲政治"[⑦]，"马克思主义的思想

---

① 《毛泽东选集》第一卷，人民出版社 1991 年版，第 92 页。
② 《毛泽东选集》第二卷，人民出版社 1991 年版，第 652 页。
③ 《毛泽东著作专题摘编》(下)，中央文献出版社 2003 年版，第 1229 页。
④ 《中国共产党党章汇编》，人民出版社 1979 年版，第 76 页。
⑤ 《毛泽东著作专题摘编》(上)，中央文献出版社 2003 年版，第 843 页。
⑥ 同③，第 1695 页。
⑦ 《邓小平文选》第三卷，人民出版社 1993 年版，第 166 页。

理论工作是不能离开现实政治的”[①]，“我们一定要坚持四项基本原则，加强政治思想建设”[②]；江泽民明确指出，任何一个政党，“不讲政治，离开了自己的政治纲领、政治路线、政治目标，也就不成其为一个政党了”[③]；胡锦涛认为“政治素质是头等重要的”[④]，领导干部必须“做讲政治的表率”[⑤]；等等。党的十八大以来，我们党更是沿袭了重视政治建党的优良传统，将党的政治建设作为党的建设的核心内容和头等大事予以高度关注，习近平总书记多次强调，要“把党的政治建设作为党的根本性建设”，特别强调“全面从严治党首先要从政治上看”[⑥]等。

综上可见，注重政治建党既是我们党一直以来的优良传统，同时也是我们党历经百年风雨而积累下来的宝贵经验。在新时代的今天，我们必须继续秉承党的这一优良传统，吸收党的这一宝贵经验，将党的政治建设作为一个永恒课题，持续推进、永不松懈。

第三，现实之维：应对和破解当前党内存在突出问

---

① 《邓小平文选》第二卷，人民出版社 1994 年版，第 179 页。

② 同上书，第 395 页。

③ 《江泽民文选》第二卷，人民出版社 2006 年版，第 360 页。

④ 胡锦涛：《更加扎实地落实讲政治的要求》，《解放军报》2012 年 4 月 1 日。

⑤ 《十四大以来重要文献选编》（下），人民出版社 1999 年版，第 2483 页。

⑥ 《习近平谈治国理政》第三卷，外文出版社 2020 年版，第 92 页。

题的必然选择。党的政治问题是关系党的生死存亡和兴衰成败的重大问题。历史和实践证明，“什么时候全党讲政治、党内政治生活正常健康，我们党就风清气正、团结统一，充满生机活力，党的事业就蓬勃发展；反之，就弊病丛生、人心涣散、丧失斗志，各种错误路线得不到及时纠正，给党的事业造成严重损失”①。党的十八大以来，随着全面从严治党的不断推进，党内政治风气有了明显好转，党的建设事业更是取得卓著成效，中国共产党正朝着蓬勃发展方向阔步前行。与此同时，我们也要清醒地看到，由于受到国内外各种复杂因素的影响，我们党仍面临着各种各样的风险、挑战及考验，党内也仍存在着诸多亟待解决的突出矛盾和问题，因而推进党的建设新的伟大工程仍有很长的路要走。具体而言，一方面，“两个复杂”“三个不纯”“四大危险”“四大考验”等问题依然严峻且更为尖锐，如何行之有效地应对党面临的这一系列政治考验和政治挑战，避免党在政治上走错路、走弯路，成为摆在全党面前的一项重大难题和紧迫任务；另一方面，由于受到外部环境的不良影响，一些党员干部未能抵制住利益的诱惑和腐蚀，致使其政治觉悟和政治意识急剧下降，搞“两面派”、

① 《习近平关于“不忘初心、牢记使命”论述摘编》，党建读物出版社、中央文献出版社 2019 年版，第 107 页。

做“两面人”、摆“花架子”、讲“关系学”等“伪忠诚”现象时有发生，不守政治规矩、不讲政治原则、不坚定政治立场等深层次矛盾和问题愈加突出和棘手，部分党员干部的政治修养和政治能力更是有待进一步提升。由此，加强党的政治建设迫在眉睫。

习近平总书记指出：“政治问题要从政治上来解决。”①毫无疑义，上述所提及的当前党内存在的这些突出矛盾和问题，大都与政治问题相关。因此，要从根本上解决这一系列突出矛盾和问题，彻底消除长期困扰我们党的政治隐患，就必须从政治方面入手，从全面加强党的政治建设入手，将党的政治建设作为一个永恒课题抓实抓牢，持之以恒地为党的发展、壮大贡献力量。

① 《习近平谈治国理政》第三卷，外文出版社 2020 年版，第 92 页。

第十五个问题

如何将党的政治建设抓实、抓细、抓出成效？

历史和实践充分表明，“党的政治建设决定党的建设方向和效果，不抓党的政治建设或背离党的政治建设指引的方向，党的其他建设就难以取得预期成效”[①]。由此可见，在新时代大背景下，为了确保党的建设总目标的顺利实现，必须把党的政治建设作为一项重大而艰巨的政治任务予以高度重视，并且必须作为党的建设的中心问题、迫切问题以及源头问题进一步抓实、抓细、抓出成效，坚决杜绝党的政治建设被忽视、被弱化现象的发生，着力提升党的建设质量和建设水平，尽可能地为国家的繁荣富强、民族的伟大复兴、社会的安定和谐以及人民的幸福安康提供源源不断的政治力量。要将党的政治建设抓实、抓细、抓

① 《习近平谈治国理政》第三卷，外文出版社 2020 年版，第 92 页。

出成效，应重点抓好以下六个关键环节。

第一，坚持党的政治领导。将党的政治建设抓实、抓细、抓出成效，首要任务就是必须坚决做到“两个维护”，切实“保证全党服从中央，维护党中央权威和集中统一领导”[①]。对于一个有着9500多万名党员的百年大党、一个有着14亿多人口的泱泱大国而言，坚持党的集中统一领导、维护党中央权威至关重要。历史上，巴黎公社运动惨遭失败、东欧各国发生剧变、苏联解体，其中一个很重要的原因，就在于缺乏权威和集中统一领导。中国革命之所以取得胜利，改革开放之所以能够成功，中国特色社会主义事业之所以稳步前进，中华民族之所以实现从站起来、富起来再到强起来的伟大飞跃，完全得益于中国共产党的集中统一领导以及对党中央权威的坚决维护。当然，这里需要特别强调的是，坚持党的政治领导抑或是集中统一领导，绝不能流于口号和形式，更不能有丝毫的含糊和动摇，而是要把党作为最高的政治领导力量，坚决响应党中央号召、听从党中央指挥、拥护党中央决定、坚决做到令行禁止，时时刻刻与党中央保持政治上、思想上以及行动上的高度一致性，同心同向共助党的政治建设落到实处，全力以赴确保党中央的政令畅通和“定于一尊、一锤定音

① 《习近平谈治国理政》第三卷，外文出版社2020年版，第84页。

的权威”[①]。

第二，把准党的政治方向。“政治方向是党生存发展第一位的问题，事关党的前途命运和事业兴衰成败。”[②]将党的政治建设抓实、抓细、抓出成效，把准党的政治方向是关键。方向即目标，在事物的发展过程中发挥着重要的灯塔和指南针的导向作用。一个国家、一个政党，在前进道路上，首先要把方向问题搞清楚、搞明白，方向对了，路才能走通、走顺、走得更远，才能规避偏离主干道的危险，才能不走错路、少走弯路，进而防止颠覆性错误的出现以及违背政治方向行为的发生。对于我们这样一个经历了革命、建设、改革、复兴等各个不同历史时期的百年大党而言，始终不渝地坚持正确政治方向是其永葆生机、经久不衰的秘诀。新时代、新征程，我们必须把党的这一优良传统继续传承下去，在党的建设问题上，时刻牢记把准党的政治方向、坚守党的政治信仰、锚定党的奋斗目标，增强“四个意识”、坚定“四个自信”，高举马克思主义伟大旗帜，以习近平新时代中国特色社会主义思想为指导，沿着社会主义初级阶段的基本路线，一鼓作气将党的伟大

① 《习近平关于“不忘初心、牢记使命”论述摘编》，党建读物出版社、中央文献出版社 2019 年版，第 118 页。

② 《习近平谈治国理政》第三卷，外文出版社 2020 年版，第 93 页。

斗争、伟大工程、伟大事业、伟大梦想推向前进。

第三，夯实党的政治根基。2021年7月1日，习近平总书记在庆祝中国共产党成立100周年大会上的讲话中指出：“中国共产党根基在人民、血脉在人民、力量在人民。”[①] 将党的政治建设抓实、抓细、抓出成效，必须“紧扣民心这个最大的政治，把赢得民心民意、汇集民智民力作为重要着力点”[②]，坚定不移站稳人民立场，始终秉持“以人民为中心”的价值理念，真正做到想人民之所想、急人民之所急，时刻关注人民群众的所需、所盼、所愿，从而最大限度地夯实党的政治根基。尤其是当前我们正处在这样一个特殊发展时期，党和国家的各项工作千头万绪，容不得有半点差池。越是在紧要关头，越是需要稳定民心、提振民气，越是要把群众队伍壮大起来，越是要始终保持同人民群众的血肉联系，竭尽所能地满足人民群众对美好生活的向往，下大力气解决好与人民群众的切身福祉密切相关的利益问题，坚决践行党的群众路线，并将群众路线贯穿党的建设全过程，进而凝聚起最磅礴的群众力量、厚植起最牢固的政治根基，与人民群众一道，共同把

① 习近平：《在庆祝中国共产党成立100周年大会上的讲话》，人民出版社2021年版，第11页。

② 习近平：《增强推进党的政治建设的自觉性和坚定性》，《求是》2019年第14期。

党和国家建设好、治理好。

第四，涵养党的政治生态。政治生态事关党的建设的成败，“政治生态好，人心就顺、正气就足；政治生态不好，就会人心涣散、弊病丛生”①。由此可见，将党的政治建设抓实、抓细、抓出成效，涵养风清气正的良好政治生态至关重要。其一，要严肃党内政治生活，通过开展批评与自我批评、召开民主生活会和组织生活会等方式，在全党牢固树立党章意识，切实增强党内政治生活的原则性、政治性和战斗性，努力克服党内政治生活的弱化趋向，使党内政治生活进一步规范化、严肃化。其二，作为党的各项纪律中最根本、最重要，同时也最为关键的纪律，政治纪律是净化党内政治生态的重要保证。加强党的政治建设，必须严明党的政治纪律和政治规矩，严查党内违规违纪行为，完善党内法规，深化政治巡视，强化监督问责，明确“纪律红线”和“政治底线”不能动、不能碰，从而在党内营造起“知敬畏、存戒惧、守底线”的良好氛围。其三，积极健康的党内政治文化是营造良好政治生态的必要前提和“营养剂”，庸俗腐朽的政治文化则是败坏政治风气、浊化政治生态的“罪魁祸首”。加强党的政治建设，必须坚决抵制各种不良文化如宗派主义、圈子文化、码头

① 《习近平谈治国理政》第二卷，外文出版社2017年版，第167页。

文化等的侵蚀，大力发展积极向上的政治文化，竭力净化党内政治生态。其四，突出选人用人的政治标准。在党内干部的选拔任用问题上，必须把政治标准放在首位，严防“带病提拔”“带病上岗”等不良现象，狠刹任人唯亲、跑官要官等不正之风，把好政治生态风向标，争取选出来的干部都能经受住政治考验和政治体检，以用人环境的风清气正促进政治生态的山清水秀。其五，永葆清正廉洁的政治本色。涵养党的政治生态，加大反腐力度，建设廉洁政治是重点。必须持之以恒地保持反腐高压态势，从“不敢腐”“不能腐”“不想腐”这三大层面着手，筑牢防腐拒变防线，确保党员干部永葆“忠公清实明”的政治本色。与此同时，我们也要知道，涵养党的政治生态不是一时半刻就能立竿见影的事情，必须将其作为一项长期任务和经常性工作，久久为功、持续推进。

第五，防范党的政治风险。习近平总书记指出：“我们现在所处的，是一个船到中流浪更急、人到半山路更陡的时候，是一个愈进愈难、愈进愈险而又不进则退、非进不可的时候。”① 在这样的历史节点上，全党和全国各族人民肩负的任务必然更加艰巨，面临的挑战必然更加严

① 习近平：《在庆祝改革开放40周年大会上的讲话》，人民出版社2018年版，第41页。

峻，遇到的风险也必然更加重大。将党的政治建设抓实、抓细、抓出成效，必须深刻认识到当前我国发展阶段的特殊性以及发展环境的复杂性和不确定性，进一步增强忧患意识、风险意识，准确把握外部环境发出的新挑战、新考验，把防风险、抗挑战摆在更加突出的位置，“时刻准备应对重大挑战、抵御重大风险、克服重大阻力、解决重大矛盾”[①]。与此同时，我们也要知道，政治风险具有较强的隐匿性，一般情况下很难被识别。对待政治风险，必须做到“图之于未萌，虑之于未有”，全面提升党员干部的政治鉴别力和政治敏锐性，坚决抵制各种错误政治思潮以及多元政治思潮对党的肌体的侵蚀，始终保持对政治风险的高度警惕和清醒认识，有效防范和化解各种潜在的政治风险，在抵御政治风险问题上决不掉以轻心，尽可能地避免由于政治风险失控而对党的建设造成的负面影响。

第六，提高党的政治能力。“在干部干好工作所需的各种能力中，政治能力是第一位的。”[②]将党的政治建设抓实、抓细、抓出成效，必须不断提高党员干部的政治素养和政治能力，不断增强党员干部的政治觉悟和政治意

① 《十八大以来重要文献选编》（下），中央文献出版社 2018 年版，第 345 页。

② 《年轻干部要提高解决实际问题的能力 想干事能干事干成事》，《人民日报》2020 年 10 月 11 日。

识，努力培养其善于从政治上看问题、善于把握政治大局的理论自觉。众所周知，党员干部是我们党执政兴国、谋事创业的中坚力量，加强党的政治建设，归根结底还是需要广大党员和各级领导干部的共同努力。党员干部如果具备较强的政治担当和政治责任，掌握过硬的政治本领，在大是大非面前能够始终保持政治清醒，那么，党的建设必将取得良好成效，党的事业也必将蓬勃发展；党员干部如果在关键时刻犹豫不决，政治定力不够，缺乏有效防范化解政治风险的政治本领和政治能力，那么，党的建设必将成为一盘散沙，党的事业也必将停滞不前。提高党的政治能力，实际上就是要进一步培育党的政治敏锐力、提高党的政治鉴别力、强化党的政治执行力、增强党的政治担当力，重点需要从增强党组织政治功能、彰显国家机关政治属性、发挥群团组织政治作用、强化国有企事业单位政治导向以及提高党员干部政治本领这几大方面下功夫，共助党的建设取得新成就、实现新发展。

第十六个问题

为什么不忘初心、牢记使命是党的建设的永恒课题、党员干部的终身课题？

党的十九届四中全会明确提出，要“把不忘初心、牢记使命作为加强党的建设的永恒课题和全体党员、干部的终身课题，形成长效机制”[①]。回顾党的十八大以来党和国家建设与发展的历程，我们可以发现，以习近平同志为核心的党中央多次提及和反复强调不忘初心、牢记使命这一重大命题，并且旗帜鲜明地指出：“为中国人民谋幸福，为中华民族谋复兴，是中国共产党人的初心和使命，是激励一代代中国共产党人前赴后继、英勇奋斗的根本动

① 《中国共产党第十九届中央委员会第四次全体会议文件汇编》，人民出版社 2019 年版，第 23 页。

力。”[①]党的初心和使命既是贯穿治国理政始终的一条红线，同时也是融入共产党人血液、铸入共产党人灵魂的一种思想自觉。将不忘初心、牢记使命作为党的建设的永恒课题、党员干部的终身课题，充分表明这一重大命题的永续性和恒久性，提醒我们任何时候都不能忘记并且要始终牢记党的初心和使命是什么，从而在实践中将永恒课题和终身课题回答好。在此，我们需要从以下几方面将为什么不忘初心、牢记使命是党的建设的永恒课题、党员干部的终身课题这一问题梳理清楚。

第一，推进党的建设的重要方式。作为一个长期执政的百年大党，党的建设关系重大、牵动全局，“党和人民事业发展到什么阶段，党的建设就要推进到什么阶段”[②]，要尽可能地把我们的党建设得更加坚强有力，使其无愧于“时代先锋”和“民族脊梁”的伟大称号。尤其是当前国内外形势复杂多变，国外敌对势力正不惜一切手段全方位遏制中国的快速崛起，并且一再挑战中国共产党的执政权威；与此同时，处于全面转型时期的国内环境也给我们党的自身发展增添了诸多风险和不确定性因素，“四大危

① 《习近平关于“不忘初心、牢记使命”论述摘编》，党建读物出版社、中央文献出版社 2019 年版，第 18 页。

② 《十八大以来重要文献选编》（下），中央文献出版社 2018 年版，第 355 页。

险”“四大考验”“四大不正之风”等顽瘴痼疾的长期存在更是严重侵蚀着党的肌体、阻碍着党的前进步伐。因此，推进党的建设成为一项刻不容缓的重大任务。“一个人也好，一个政党也好，最难得的就是历经沧桑而初心不改、饱经风霜而本色依旧。”[①] 由此，形势越是严峻、挑战越是艰巨，我们越是不能忘记党的初心和使命，越是要把不忘初心、牢记使命作为党的建设的永恒课题、党员干部的终身课题，给全体党员干部提提醒、定定神、鼓鼓劲，从而从根子上清除党内“蛀虫”，击碎西方势力和平演变的政治阴谋，确保党的执政地位，提升党的组织力量，把我们的党锻造成“真正钢铁般的组织”[②]、历经大风大浪仍朝气蓬勃的组织。

第二，回应时代之问的重要基础。党的十九大郑重宣告：“经过长期努力，中国特色社会主义进入了新时代，这是我国发展新的历史方位。”[③] 随着新时代的到来，我国进入一个崭新的发展阶段，不仅世情、国情、党情发生深刻变化，百年未有之大变局的加速演进、“强起来”的伟

---

① 《习近平谈治国理政》第三卷，外文出版社 2020 年版，第 538 页。

② 《列宁全集》第九卷，人民出版社 2017 年版，第 227 页。

③ 习近平：《决胜全面建成小康社会 夺取新时代中国特色社会主义伟大胜利——在中国共产党第十九次全国代表大会上的报告》，人民出版社 2017 年版，第 10 页。

大飞跃、社会主要矛盾的历史性转变、民族复兴的强烈召唤更是给我们党发出了新挑战、提出了新要求。世界怎么了？我们怎么办？社会主要矛盾如何化解？民族复兴如何实现？“四个伟大”如何推进？中国特色社会主义如何夺取新的伟大胜利？人类社会向何处去？这一系列时代之问尖锐地摆在全党和全国人民的面前，亟须我们党进行积极回应并给出一个明确答案。在这一特殊历史时期，唯有以强烈的责任意识和担当精神，坚决守住中国共产党为人民谋幸福、为民族谋复兴、为世界谋大同的初心和使命，心往一处想、劲往一处使，最大限度地汇集全党和全国人民的力量和智慧，才能以不可战胜的磅礴之力答好新的时代“考卷”，走好新的赶考之路，从而见证党的初心和使命的真正实现。从这一点来看，将不忘初心、牢记使命提升为党的建设的永恒课题和党员干部的终身课题为回应时代之问奠定了坚实基础。

第三，永葆政党本色的重要保证。习近平总书记指出，“党的初心和使命是党的性质宗旨、理想信念、奋斗目标的集中体现，越是长期执政，越不能丢掉马克思主义政党的本色，越不能忘记党的初心使命”①。一个国家、一个政党，一旦丢了初心、忘了使命，必然会成为没有任

① 《习近平谈治国理政》第三卷，外文出版社 2020 年版，第 529 页。

何出路的国家、没有任何前途的政党；一个国家、一个政党，如果始终铭记初心、不忘使命、永远奋斗，这个国家和政党必然会始终走在时代前列、始终保持旺盛斗志。回顾中国历史，无论是战争年代还是和平年代，中国共产党人从未忘记过党的初心和使命，甚至用自己的生命践行着作为一名共产党员的初心和使命，从而充分彰显了共产党人的政治本色。在新时代的今天，全党同志更加需要时刻坚守初心、担当使命，需要将党的初心和使命贯彻到党的全部实践和全部奋斗中，并且转化为党员干部一以贯之的实际行动。这既是百年大党彻底跳出“历史周期率”、长期保持蓬勃朝气的必要前提，同时也是永葆马克思主义政党本色的重要保证。否则，再强大的党也势必陷入改变性质、改变颜色、失去人民、失去未来的困局。

第四，密切党群关系的重要法宝。“人民是我们党执政的最大底气，是我们共和国的坚实根基，是我们强党兴国的根本所在。”[①] 历史和实践证明，在任何时候、任何情况下，我们都不能远离人民、背离群众，都不能置人民群众的安危于不顾，更不能做违背人民群众意愿的事。毕竟，密切联系群众是我们党的最大优势，脱离群众则是我们党执政后面临的最大危险。一旦我们党陷入脱离群众的

① 《习近平谈治国理政》第三卷，外文出版社 2020 年版，第 137 页。

危险，就会从根本上动摇党的执政地位，致使其彻底失去根基、失去力量、失去血脉，整个政权甚至会顷刻间土崩瓦解，被完全淹没在历史的烟尘中。将不忘初心、牢记使命作为党的建设的永恒课题、党员干部的终身课题，很大程度上是基于进一步密切党群关系、始终保持党同人民群众血肉联系的考量。在党的全部活动和全部实践中，党员干部唯有坚守住为人民谋幸福、谋发展、谋未来的使命担当，充分发扬共产党人密切联系群众的优良传统，始终将人民利益放在首要位置，衷心为人民服务、为人民奋斗，并把广大人民群众作为检验和评价其初心变没变、使命牢不牢的真正主体，才能够筑牢党长期执政的群众根基，战胜党在前进道路上遇到的一切困难和风险。

第五，实现奋斗目标的重要举措。一部党的百年发展史，就是一部不忘初心、牢记使命的奋斗史。百年以来，在全党和全国各族人民的共同努力以及初心和使命的强烈召唤下，我们党顺利实现了第一个百年奋斗目标，在中华大地上全面建成了小康社会，伟大的中国共产党从弱小无助逐步发展壮大起来，成为风华正茂的百年大党。如今，实现第二个百年奋斗目标的新征程已正式开启，接下来，就需要我们意气风发向着全面建成社会主义现代化强国的远大目标奋力前行，一步一个脚印，将党和国家擘画的宏伟蓝图变为美好现实，共同迎接中华民族伟大复兴的光明前景。当然，在实现第二个百年奋斗目标的新征程中，我们必须时刻牢记，党的初心使命与国家的前途命运以及民族的兴衰休戚与共，无论是顺境还是逆境，无论走得再远抑或是走到再光辉的未来，党员干部都不能放弃党的初心和使命，更不能忘记走过的过去。党的初心和使命犹如一场接力赛，目标尚未实现、使命尚未完成，这场接力赛就必须一直跑下去，就必须将不忘初心、牢记使命作为永恒课题和终身课题，持续践行、永不懈怠。毕竟不论是百年奋斗目标还是民族复兴大业，都不是轻轻松松就能达到的，需要攻克一个又一个难关，迎接一个又一个挑战，唯有初心不改、使命不怠，才能从胜利走向胜利，成就更加辉煌的未来。

第六，继续发展前进的重要力量。知其所来，才能明其将往。作为一个初心型和使命型政党，在百年奋斗征程中，中国共产党正是始终保持初心不变、使命不改，始终铭记革命先辈打江山、守江山的坚贞不屈和大义凛然，才得以在之后的发展中战胜挑战、抓住机遇、把握主动，从而赢得民心、赢得发展、赢得时代，真正实现从站起来、富起来到强起来的伟大飞跃，并且深刻改变了中华民族的前途命运。然而，现在强大不等于永远强大，现在辉煌也不等于永远辉煌。就整体实力而言，我们国家还有很大的进步和发展空间。奋斗不息，拼搏不止。站在新时代新征程的起点上，全党和全国各族人民唯有不忘初心、牢记使命，并将其作为永恒课题和终身课题，从中汲取源源不断的前进动力，才能使百年大党永远保持生机和活力，才能在已取得的历史性成就的基础之上，寻求继续向前发展的勇气和力量，进而实现更大程度的飞跃，不断开创更加美好的未来。

第十七个问题

不忘初心、牢记使命这个永恒课题怎样才能抓常、抓新？

2019年12月26日至27日，习近平总书记在十九届中央政治局民主生活会上的讲话中指出，“要始终把不忘初心、牢记使命作为必修课、常修课，时常叩问和守护初心，及时修枝剪叶、补钙壮骨”[①]。党的初心和使命是其保持长盛不衰并且不断发展壮大的重要原因，同时也是中华民族砥砺前行的根本动力。习近平总书记的这一重要指示，不仅给全体党员干部提出了新要求，而且明确了新时代党的建设新方向，那就是要始终确保不忘初心、牢记使命这个永恒课题抓常、抓新，扎实推进不忘初心、牢记使命的常态化、长效化。具体来讲，将不忘初心、牢记使命

① 《带头把不忘初心牢记使命作为终身课题 始终保持共产党人的政治本色和前进动力》,《人民日报》2019年12月28日。

这个永恒课题抓常、抓新，需要做到以下几点。

第一，强化理论武装。“政治上的坚定源于理论上的清醒。”[①]建党百年来，中国共产党之所以能够完成一个又一个艰巨的历史性任务，取得一个又一个瞩目的历史性成就，实现一次又一次伟大的历史性跨越，重点在于我们党始终坚持科学理论的正确指引，坚持用科学的理论不断武装自己。对于不忘初心、牢记使命而言，同样需要科学理论的武装，需要通过思想建党、理论强党，不断滋养党的初心和使命，从而使党的初心和使命由理论上的清醒逐步转化为行动上的自觉。毕竟，作为一个马克思主义政党，其初心和使命不仅源自对广大人民群众的真挚情感以及对真理世界的不懈追求，而且完全建立在马克思主义的科学理论之上，是马克思主义理论的中国式表达和中国式呈现。尤其在新时代这样一个崭新的历史节点，将不忘初心、牢记使命这一永恒课题抓常、抓新，更需要在强化党的理论武装、提升党的理论水平、锤炼党的理论本领等方面下功夫，通过深化对马克思主义理论和习近平新时代中国特色社会主义思想的学习，进一步补足精神之钙、充足理论之电，切实提高党员干部的理论认知和思想境界，继

① 《习近平关于全面从严治党论述摘编》，中央文献出版社2016年版，第67页。

而以思想上和理论上的清醒与成熟，确保党员干部在信仰上的坚定，在初心和使命上的坚守。

第二，勇于自我革命。“勇于自我革命，是我们党最鲜明的品格，也是我们党最大的优势。”[①] 任何一个政党，唯有不断推进自我革命，才能逐步发展、强大起来，也才能永葆先进性和纯洁性。对于中国共产党而言，自我革命可以说是其与生俱来的政治基因，同时也是其践行初心、担当使命的重要前提和根本保证。回顾过去，我们党之所以能够在历史的夹缝中生存下来并且脱颖而出，很重要的一点就在于我们党向来具备自我革命的勇气和刀刃向内的决心，在于我们党一直具有自我觉醒的力量。而这也是我们党与其他一切政党的本质区别，是我们党始终保持长盛不衰的原因所在。当前，世情、国情、党情均发生深刻变化，将不忘初心、牢记使命抓常、抓新并非一件易事，需要全体党员干部以强烈的自我革命精神和刀刃向内的政治勇气，敢于直面问题、正视问题，敢于“同一切弱化先进性、损害纯洁性的问题作斗争”[②]，主动检视、剖析与整改违背党的初心和使命的各种突出问题，“不断增强党自我

① 《十八大以来重要文献选编》（下），中央文献出版社 2018 年版，第 589 页。

② 《习近平关于全面从严治党论述摘编》，中央文献出版社2016年版，第 12 页。

净化、自我完善、自我革新、自我提高能力”[①]，厚积守初心、担使命的政治底气，避免党的初心和使命沦为幻想和空想的危险，真正将党的初心和使命落到实处，并最终落到人民群众的心坎上。

第三，领导率先垂范。“在上面要求人、在后面推动人，都不如在前面带动人管用。”[②]作为党和国家事业发展的中流砥柱，领导干部在“为政”与“成事”方面肩负着十分重要的职责和使命，是全党和全社会砥砺前行的“领头羊”与“风向标”。将不忘初心、牢记使命这一永恒课题抓常、抓新、抓出成效，必须进一步发挥各级领导干部的“领头羊”和“排头兵”作用，通过领导干部的当先锋、作表率、打头阵，为各级党组织和广大党员作出积极示范、进行正向引导，从而充分汇聚榜样力量、正确引领前进方向，以“关键少数”带动“绝大多数”，促使全体党员干部身体力行投入到初心和使命的具体实践中。尤其是在当下这一特殊历史关口，各级领导干部更要强化责任担当、勇担时代重任，更要以高标准、严要求对待自己，充分发扬党的革命传统和优良作风，真正做到率先垂范、以身作则，用实际行动践行和守护党的初心、使命，以一

① 《习近平谈治国理政》第三卷，外文出版社 2020 年版，第 20 页。

② 同上书，第 544 页。

往无前的姿态奋勇当先，带头攻坚克难，在不忘初心、牢记使命这一问题上将先锋模范作用发挥到极致。

第四，开展主题教育。在当前大背景下，坚持不忘初心、牢记使命这一永恒课题抓常、抓新，就必须把不忘初心、牢记使命作为必修课、常修课，在全党范围内深入开展“不忘初心、牢记使命”主题教育和相关实践活动，进一步加深党员干部对于习近平新时代中国特色社会主义思想的科学认识以及对党中央决策部署的全面理解，促使全体党员干部更加自觉地投入到践行初心、担当使命的伟大实践中，并为历史使命和奋斗目标的顺利完成而不懈奋斗。党的十八大以来，我们党开展了一系列的专题教育、学习教育以及主题教育，取得了良好成效。在接下来的征程中，要继续推进主题教育的高质量开展，尽可能地丰富主题教育的活动内容、创新主题教育的活动形式，通过全党大学习、大讨论，确保党员干部始终保持思想上和理论上的清醒度，始终牢记党的性质宗旨和最终目标，始终坚守共产党人的初心和使命。毕竟，党的初心和使命并不是与生俱来的，而是在百年风浪中逐步锻造出来的，唯有在原有基础上融会贯通、继续加以锤炼，才能取得新进步，真正做到知行合一，更好地坚持党的初心和使命。

第五，完善制度体系。党的十九届四中全会首次提出，要建立不忘初心、牢记使命的制度，形成不忘初心、牢记使命的长效机制。至此，不忘初心、牢记使命这一命题由精神范畴正式上升到制度范畴。在党的十九届四中全会之前，不忘初心、牢记使命还仅停留在柔性的政治信仰层面，属于党员干部的一种思想自觉和理论自觉，而党的十九届四中全会通过制度的建构，将不忘初心、牢记使命转化为一种制度自觉，使其更具刚性化、清晰化、精细化等特质，从而进一步巩固和深化了主题教育成果。党的奋斗历程告诉我们，“初心不会自然保质保鲜，稍不注意就可能蒙尘褪色，久不滋养就会干涸枯萎”①，唯有将不忘初心、牢记使命制度化和长效化，不断完善其制度体系，形成常抓不懈的长效机制，才能从根本上避免背离党的初心和使命的危险，才能将践行初心、担当使命外化为党员干部一辈子的行动自觉。其中，完善不忘初心、牢记使命的制度体系，需要从完善党的教育培训制度、理论武装制度、调查研究制度、问题整改制度、党性剖析制度以及监督查处机制等这几大方面重点发力。

第六，坚持狠抓落实。“一语不能践，万卷徒空虚。”不忘初心、牢记使命不仅是一个认识问题，更是一个实践问题，是一个将党的宏伟蓝图转变为美好现实的实践过

① 《习近平谈治国理政》第三卷，外文出版社 2020 年版，第 538 页。

程。因此，保持不忘初心、牢记使命这一永恒课题抓常、抓新，必须把抓落实作为头等大事，以一抓到底的钉钉子精神，切实将党的初心和使命落实、落细、落出成效。需要明确的是，不忘初心、牢记使命不是一句简单的空话和口号，而是切切实实的担当和行动，如果仅仅将党的初心和使命停留在口头上，只会导致形式主义的泛滥，导致需要坚守的初心没有坚守、需要担当的使命没有担当、需要掌握的实情没有掌握、需要搞清楚的问题没有搞清楚、需要化解的矛盾没有得到化解，最终“小管涌”变成“大塌方”，问题一个接着一个来，党的初心和使命更是被抛在脑后。因此，坚持不忘初心、牢记使命，就必须把目光聚焦在行动上、担当上、成效上，力戒虚功、紧盯落实、狠抓落实，在实践中使党的初心和使命得到最好诠释。